사랑하는 듣기

1

INDEX

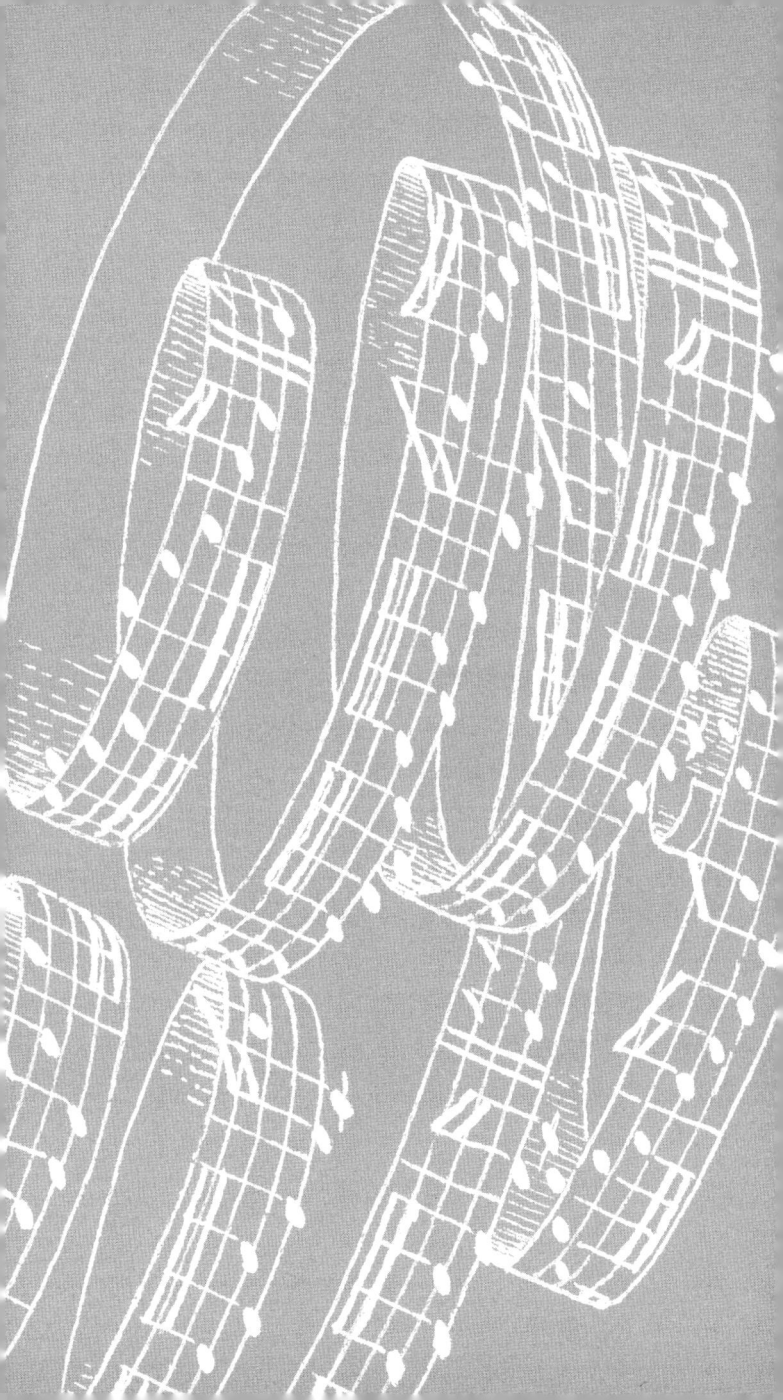

"아직은 다 알 수 없으나
언젠가 나는 그들의 사랑을 정확하게 듣고 싶다."

일러두기

· 책 제목은 『』, 앨범이나 음악 작품의 제목은 《 》, 여러 악장으로 구성된
  음악 작품 및 앨범의 수록곡과 영상물 제목은 〈 〉로 표기하였다.

· 본문에는 이해를 돕기 위해 해당 내용의 연주 영상이 QR코드로 삽입되어 있다.

사랑하는
듣기

박수인 산문집

사랑을 경청하는
음악학자의
소리에 관한 물음들

아침달

음악과 오해

음악의 기습

어떤 음악은 들을 때마다 오금이 저리는 감동을 안겨준다.
가령 나는 19세기의 프랑스 작곡가 카미유 생상스의 《오르간

 심포니 _Symphony No. 3 'Organ', 1886_》를 들을 때면 틀림없이
무너지고 마는 부분이 있다. 1악장의 두 번째 부분,
느린 음악이 시작되는 지점이다. 삽입된 영상에서 10분 42초
부근.[1] 제목에 붙은 '오르간'에서 짐작할 수 있듯이 이 곡에는
일반적으로 교향곡에 포함되지 않는 악기 오르간이
등장하는데, 이 악기가 처음 존재를 드러내는 것이 바로
이곳이다. 힘찬 기운으로 누비던 종전 음악의 기세가 잦아든
자리에서 경건한 오르간의 시간이 시작된다.

　만일 이 음악을 듣던 중 누군가 다가와 내게 무리한
부탁을 하더라도 나는 말랑말랑해진 마음에 그만 저항 없이
그것을 수락하고 말 것이다. 그 아름답고 성스러운 음악에의
침잠에서는 그럴 수밖에 없을 것이다. 그러지 않을 도리가
없을 것이다.

　그런 순간마다 나는 왜 그토록 속절없이 허물어지고
마는가. 고요하게 울리는 오르간의 부드러운 화성 위에서
살며시 노래하기 시작하는 현악기의 고백적인 선율이
담담하다. 그 담담한 고백을 관악기가 이어받으면 이제
바이올린은 관악기의 노래를 보드랍게 보듬듯 높은 음역대의
새 선율을 보태 음악을 고양시킨다. 하지만 이런 식의
앎으로는 충분하지 않다. 음악에서 무슨 일이 일어나는가

인식해보는 것만으로는 이 음악을 들을 때마다 왜 쇄골 아래 어딘가가 간질간질하고 저릿한지를 알 수가 없다. 그간 응축해 온 음악의 에너지가 스러진 자리에 피어나는 오르간과 관현악의 음악은 어떤 번민, 슬픔, 울음, 경외 같은…… 속 시원히 해명하기 어려운 감응으로 신체를 에워싼다.

우리에게는 그런 경험들이 있다. 결코 말로는 온전히 설명할 수 없는 음악에의 휘감김의 순간이. 프랑스 철학자 블라디미르 장켈레비치는 이것을 음악의 '말로 할 수 없음*L'ineffable*'이라고 불렀다. 그것이 '말로 할 수 없음'인 이유는 말할 바가 없어서, 말문이 막혀서, 기가 차서가 아니라, 말할 바가 무궁무진해서, 느끼는 바가 무한해서, 그러므로 끝내 다 말할 수 없어서다.

음악적 신비는 **말을 할 수 없는 것***L'indicible*이 아니라 **말로 할 수 없는 것***L'ineffable*이다. […] 말로 할 수 없는 것은 절대적으로 할 말이 전혀 없는 것이고, 이성을 짓누르고 담화를 대경실색케 하면서 사람의 말문을 막게 만든다. 그리고 말로 할 수 없는 것은 이와는 완전히 반대로 말할 것이 무한하고 끊이지 않으므로 표현할 수 없는 것이다. 신의 깊이를 알 수 없는 신비가, 사랑의 고갈되지 않는 신비가, 특히 시적인 신비가 그렇다.[2]

음악의 '말로 할 수 없음'은 차라리 그것이 음악인 이유에 가깝다. 바꿔 말해볼까. 음악의 모든 것을 빠뜨림 없이 언어화할 수 있다면 그것은 더 이상 음악일 수 없다. 효율적이고 구체적으로 의미화할 수 있는 언어가 있음에도 우리가 여전히 음악을 듣는 것은, 우리에게 음악이 필요한 것은, 음악 경험의 어떠한 것만은 명료한 언어로 치환할 수 없어서다. 음악의 '말로 할 수 없음'은 "끊이지 않으므로" 의미의 테두리 안에 고정할 수 없어서, 언어로 포착하는 순간 의미의 사이 사이로 흘러내리고 마는 "무한"한 것이 음악에 있어서다.

국보의 경지에 오르기 위해 자기 자신과 경쟁자와 소중한 모든 것을 뛰어넘어야만 했던 예술가의 이야기를 다룬 영화 〈국보〉는 이같이 무한히 매혹적인 예술의 세계가 존재한다는 사실을 알게 한다. 나아가 이 영화는 예술 경험이 그저 미적인 것에 그치는 것이 아니라, 끔찍한 공포를 동반하는 것이기도 하다는 점을 소름 끼치도록 아름답게 그려낸다.

영화의 도입은 다소 충격적이다. 어린 키쿠오는 야쿠자인 자신의 아버지가 총살 당하는 것을 눈앞에서 목격한다. 키쿠오가 가부키 공연을 끝마친 직후였고, 일 년에 한 번 눈이 올까 말까한 나가사키에 마침 기이하도록 아름다운 눈이 내리는 밤이었다. 새하얀 눈발이 까만 밤하늘을 폴폴

수놓던 날, 아버지는 붉은 피를 흘리며 어린 키쿠오를 떠났다.

아버지의 죽음은 키쿠오에게 믿을 수 없이 끔찍한 공포였지만 동시에 압도적으로 황홀한 이미지로도 각인된다. 키쿠오는 도무지 말로 설명할 수 없는 광경에 혼란스러웠을 것이다. 아버지의 죽음이 충격적이었으므로 그 눈 내리는 밤의 풍경은 아름다웠음에도 기괴했을 테니까. 아버지의 붉은 피와 나가사키의 소복한 눈의 밤. 날카롭게 대비를 이루는 이 강렬한 이미지는 국보가 되고자 하는 가부키 배우 키쿠오의 삶을 이끄는 막강한 기제가 된다.

키쿠오가 그 아찔한 경험에 다시 휘말리게 된 것은 당대 국보 가부키 배우인 만키쿠의 무대를 관람하면서다. 믿을 수 없이 우아하고 세련된, 동시에 소름 돋는 신비로운 몸짓에 넋을 잃고 만 키쿠오. 그는 그날 다시 목격한다. 아버지가 죽던 날 흩날리던 눈발을. 그 반짝이는 흰 눈은 그의 아버지 등에 박힌 총탄에 붉은 피가 번졌던 것처럼 빨간 폭죽이 되어 터진다. 팡 파팡 파바방! 아마 그날이었을 것이다. 키쿠오가 무엇인지 모를 "풍경"에 홀린 듯 이끌려 국보가 되기 위해 달리기 시작한 것은.

프랑스의 정신분석학자이자 철학자 자크 라캉이었다면 키쿠오를 따라다니던 그 폭죽의 광경, 혹은 그 목격의 경험을 주이상스*Jouissance*라고 불렀을 것이다. 우리말로는 '향락'이라고 번역되곤 하는 주이상스는 이 세계의 규범과

질서로는 온전히 설명되지 않는 감각이다. 그것은
기본적으로 쾌락적이고 그래서 저항할 수 없이 욕망하게
되지만, 공포를 동반하는 쾌락이므로 마냥 즐겁기만
한 경험이 아니다. 눈 오는 나가사키 밤은 눈부시지만
아버지의 죽음은 공포스러운 것처럼. 국보 만키쿠의 연기는
우아하지만 소름 돋는 것처럼.

눈부시지만 공포스럽고 우아하지만 소름 돋는 것.
이토록 이질적인 것이 동시에 경험된다는 사실은 불가해하다.
라캉의 주이상스는 그것이 왜 불가해할 수밖에 없는지를
해명한다. 더불어 주이상스가 작동되는 원리는 왜 예술의
경험이 압도적인지, 왜 음악의 경험이 '말로 할 수 없음'인지,
왜 우리는 그러한 사로잡힘의 경험을 해명할 수 없음에도
빨려 들어가고 마는지를 얼마간 납득하도록 돕는다.

라캉의 이야기는 아기와 어머니의 관계로부터 시작된다.
아기는 어머니와의 관계에서 최대의 기쁨과 행복을 느낀다.
아직 말을 할 줄 모르는, 그러니까 언어의 체계와 질서를
배우기 전 아기가 머무는 이 단계를 라캉은 '실재계'라고
부른다. 아이가 실재계에서 겪는 이 놀라운 원초적 경험은
"~하면 안 된다"라는 언어적 금지를 학습하면서 점차
망각된다. 언어적 질서의 세계로 이행하는 과정이다. 언어를
습득한 아이는 언어적 규범, 규율의 세계에 진입한다. 세계의
모든 것이 언어로, 개념으로 상징화되는 세계. '상징계'다.

아이는 상징계에 들어섰지만 여전히 실재계에서 맛본 최상의 기쁨에 대한 희미한 잔상을 쥐고 있다. 하지만 그 기쁨과 기쁨의 대상이 무엇인가는 잊어버렸다. 게다가 그것은 상징계에 속한 것이 아니라 실재계에서 누린 것이므로 상징계에서는 실체조차 찾을 수 없다. 라캉은 이것을 상징계의 '결여'라고 부른다. 실체가 무엇인지 알기 어렵지만 원하는 무엇인가가 분명 존재한다는 느낌. 그 느낌에 이끌려 우리는 끊임없이 찾고 갈구한다. 무엇인지 알 수 없는 그 무엇인가를. 그러나 다시, 그것은 이 세계(상징계)에 없는 것(결여)이므로 결코 채워질 수 없는 욕망을 욕망하는 것이 된다.

그러나 실재계에서 어머니와의 관계를 통해 경험한 그 원초적 행복, 혹은 쾌락의 경험이 상징계에서도 드물게 일어날 수는 있다. 상징계에 자그마하게 뚫린 구멍, 그 구멍을 통해 실재계의 원초적인 감각이 우리를 기습하기 때문이다. 그러나 그 경험은 사실상 상징계에는 존재하지 않는 초월적 쾌락이자 언어 이전의 세계, 곧 실재계에 속하는 것이므로 죽음을 의미하는 것이기도 하다. 다시 말해 그것은 이 세계의 것을 초월한 극도의 자극이자 쾌락이다. 그 쾌락이 즐겁거나 아름답기만한 것이 아니라 두려움과 공포를 동반하는 쾌락인 것은 바로 이런 이유에서다. 현실을 초월하는 쾌락이자 공포가 뒤따르는 쾌락. 이것이 바로 라캉이 말하는 주이상스가 작동하는 원리다.

그런 점에서 영화 〈국보〉는 라캉적이다. 이상일 감독이 생각하는 예술의 경험은 주이상스와 같다. 그것은 압도적인 아름다움과 기괴한 섬뜩함의 결합이고, 이 세계의 질서를 초월하는 것이므로 말로 다할 수 없는 영역의 감각이다. 마침내 국보가 된 키쿠오가 한 기자와의 인터뷰에서 무어라 설명하기 어려운 어떤 "풍경"인가에 이끌려 여기까지 왔다고 술회하는 장면은 의미심장하다. 그 풍경이 무엇인가에 대해 키쿠오는 답하지도, 답할 수도 없었으나 그것이 아버지의 죽음과 가부키 무대에서 목격한 폭죽 이미지였음은 어렵지 않게 짐작할 수 있다. 그것은 말하자면 주이상스다.

어떤 경지에 오른 예술가의 행위, 혹은 그 예술을 체험하면서 기습처럼 들이닥치는 감동을 설명하기 어려운 것은 그것이 언어의 세계 바깥으로부터 침입한 것이어서다. 영화 〈국보〉는 그런 것을 조우하는 예술의 세계가 있다는 것을, 숨 막히도록 아름답게 그려낸다. 그 조우는 무대 위의 공포와 외로움을 견디어 내고서라도, 소중한 다른 모든 것을 포기하고서라도 끝내 놓을 수 없는 기이한 전율로의 이끌림이다.

장켈레비치가 말한 음악의 "풍요"로움[3]은 상징계를 뚫고 나온 실재의 범람과 같다. 음악의 경험이 '말로 할 수 없음'인 이유는 말이 부족해서가 아니라 음악적 경험을 통해 뚫린 상징계의 구멍을 메울 수 있는 언어가 이 세상에 존재하지 않기 때문이다. 그런 음악의 경험은 팽창된 언어가 찢어지면서 분출되는 의미의 나머지들이다.

다시, 그러므로 음악의 '말로 할 수 없음'의 경험은 그것이 음악인 이유와 같다. 음악이 우리에게 안기는 감동은 차마 말로 다 해명할 수 없는 무엇인가에 존재한다. 우리는 음악으로부터 얻는 그 감동의 연유를 납득해보고자 애쓴다. 음악 경험의 즐거움은 이러한 앎을 통해 입체적으로 두툼해질 수 있다. 하지만 우리는 그러한 앎의 끝에서 더 이상 이해할 수 없는 국면에 맞닥뜨리기도 한다. '말로 할 수 없음'의 순간, 언어로서 결코 포획할 수 없는 영역, 그렇게 하는 순간 그 음악은 더 이상 그것이 아니게 되는 모순의 자리에.

거기서 가장 순수하게 음악이 음악이어야만 하는 이유가 시작된다. 다른 무엇으로도 교환할 수 없는 음악의 영역이.

그러니 음악의 모든 것을 말로써 설득하려는 마음은 사랑이 아니라 오만에 가깝다. 우리는 대체로 사랑하는 만큼 더 알고 싶고 아는 만큼 더 사랑하게 된다고 오해한다. 그러나 끝내 알 수 없는 것 앞에선 더 나아가기를 멈추어야 한다. 알 수 없는 채로 놔두어야 한다.

침묵은 우리에게 다른 목소리, 다른 언어, 다른 곳에서 온 목소리를 들을 수 있게 해주는 무엇이다……[4].

그렇게 할 때 음악은 음악이 된다. 이런 말은 음악 아닌 다른 무엇에도 똑같이 할 수 있다. 내가 사랑하는 사람들, 나를 둘러싼 세계, 때때로 나 자신에게도.

1   그렇지만 곧바로 중반부부터 듣기 시작하기보다 앞의 격렬한 음악의 시간을 함께 지나온 후 느린 구간에 들어설 때 그 오롯한 감동이 전해질 것이다.

2   블라디미르 장켈레비치, 이충훈 옮김, 『음악과 말로 할 수 없는 것』, 포노, 2025, 133~134쪽.

3   "음악이 우리에게 전하는 신비는 모든 것을 불모로 만드는 죽음의 표현할 수 없는 것이 아니라, 삶, 자유, 사랑을 풍요롭게 만드는 표현할 수 없는 것이다." 위의 책, 133쪽.

4   위의 책, 261쪽.

아는 만큼 들린다는 말

한 대학의 학생 신문사로부터 메일을 받았다. 기획부 기자라고 밝힌 발신인은 내게 클래식 음악 문화에 관한 이야기를 듣고 싶다고 전했다. 기자는 구체적으로 클래식 음악 문화 활성화 방안을 모색하는 기획 기사를 준비 중이라고 했다. 인터뷰에서 받은 질문 중에는 클래식 음악을 듣는 데 여러 배경지식이 필요하다는 인식에 관한 물음도 있었다. 정말로 배경지식이 있어야 클래식 음악을 그 음악답게 감상할 수 있는지, 혹 그것이 음악 감상을 방해하기도 하는지에 대한 물음이었다. 언젠가 라디오 방송의 한 시사 프로그램에서 진행하는 문화 코너에 인터뷰이로 출연했을 때도 이와 비슷한 취지의 질문을 받았다. 그때 질문자는 우회하지 않고 이렇듯 똑바로 물었다.

"클래식 음악은 왜 이렇게 어려운 겁니까?"

이 물음은 내게도 중요한 것이었다. 대체 왜 이토록 난해해서 관객을 불러들이기는커녕 쫓아내는 것인가 하는 물음에서 나의 음악 공부가 시작되었기 때문이다. 물론 그 물음이 향하고 있는 대상은 다르다. 나의 관심은 모차르트나 베토벤, 쇼팽이나 리스트같이 흔히 클래식 음악이라고 일컫는 18~19세기 서유럽의 예술 음악이 아니었다. 그것보다 더 최근의 음악, 이른바 현대음악이라고 부르는 20세기 이후부터 현재의 음악이었으니까. 하지만 이 두 물음이 다루는 대상 자체에는 차이가 있어도

그 물음들이 궁극적으로 겨냥하는 생각의 질적 차원은
다르지 않았다. 서양 클래식 음악은 어렵고, 그래서 그 음악을
듣고 즐기기 위해서는 지식이 필요하고, 그런 면에서 클래식
음악은 엘리트 문화의 한 국면이 아니냐는 것이니까.

　　현대음악은 왜 이렇게 어려운 걸까 하는 물음에
골몰하고 있던 때 그런 질문을 받았다면, 그러니까 "클래식
음악은 왜 이렇게 어려운 겁니까?" 하고 그때도 누군가
내게 물었다면 "공부하세요!"라고 답했을지도 모를 일이다.
그때로선 나야말로 뭘 좀 알아야 음악을 제대로 들을 수 있게
된다고 생각했던 것 같다. 난해한 현대음악, 청중을 쫓아내는
현대음악, 그래서 외로운 현대음악과 친해지고 싶어서
시작한 일이 공부였다. 그리고 그때 나는 현대음악이라고
부를 만한 움직임이 막 시작되던 20세기 초 서유럽의 역사와
문화, 사회와 정치적 환경에 대해, 철학적·미학적 사유에
대해 알아보는 일이 그 음악을 듣고 이해하고 즐기기 위한
바탕이 되어줄 거라고 생각했다. 공부해야 더 많이 들릴 것
같았다. 공부해야 제대로 들을 수 있을 것 같았다. 아는 만큼
들린다고도 하지 않던가. 거꾸로 말해 모르면 아무것도
못 듣는단 말이기도 하니까.

　　지금은 그리 생각하지 않는다. 이 말이 틀리지 않지만
전적으로 옳다고 여기지 않는다. 그때보다 지금 현대음악과
친해진 것은 사실이지만 그것이 반드시 현대음악과 관련된

배경지식을 쌓았기 때문은 아니다. '대체 이게 무슨 음악인가' 싶은 것에서 '아름답다' 하는 감상으로 옮아간 건 이 음악이 언제 작곡되었고, 작곡한 사람은 어느 나라 사람이고 누구랑 음악을 공부했고, 어떤 음악 기법을 두드러지게 사용했고, 누구에게 영향을 받았고, 누구랑 친했으며 누구랑 연애를 했는지 같은 주변 지식을 습득하면서가 아니다. 그건 마침내 음악을 '듣기' 시작하면서였다. 음악이 진행되는 동안 무슨 소리들이 펼쳐지는지, 어떤 재미난 소리와 기발한 기법들이 무슨 이야기를 만들어가는지에 귀와 관심을 열면서였다.

오해를 일으킬 수 있으므로 서둘러 변명하자면 작곡가와 연주자, 음악 작품을 둘러싼 지식이 음악을 음악답게 듣는 데 아무 상관 없다고 말하려는 것은 아니다. 다만 음악에 관한 지식을 알고, 배우고, 축적하기 전에 일단 들어보는 것이 선행되어야 한다는 말을 먼저 전하고 싶다.

음악을 '듣는' 것은 당연한 일이 아닌가. 하지만 그 뻔한 일이 어떤 음악 문화 안에서는 종종 왜곡된다. 클래식 음악에 대한 지식 뽐내기 대잔치 같은 것. 그 음악이 어째서 내 마음을 후벼 파는지보다 그 음악을 누가, 언제, 왜 작곡했고, 누구의 연주가 제일 알아주는지를 늘어놓는 것. 혹은 그 음악이 내게 어떤 감동을 일으켰는지보다 그 연주자가 언제, 어디서, 얼마나 권위 있는 상을 수상했는지를 나열하는 것. 클래식 음악에 관한 지식 향연의 대화는 여러 영상 매체를 통해서도 재현되고 반복된다. 이쯤은 알아야 클래식 음악을 들을 수 있다는 오해는 이런 식으로 축적되었는지 모른다.

그런데 클래식 음악에 관한 이런 오해—클래식 음악은 어렵다, 배경지식을 알아야 제대로 들을 수 있다, 아는 만큼 들리고, 그래서 엘리트 문화의 일종이다—에는 예상 밖으로 그럴 만한 배경이 존재했다. '오해'라는 말을 썼지만, 그게 오해만은 아닐 수 있다는 것이다.

클래식 음악은 실제로도 좀 어렵다. 일단 '클래식 음악'이라는 말부터 모호한 구석이 있다. '클래식'은 서양음악 역사의 한 시대를 일컫는 말이다. 하이든, 모차르트, 베토벤이 활동했던 시기다. 이때 '클래식'은 음악의 형식적 조화와 균형 그리고 음악의 단순성과 명료함을 중요한 음악적 가치로 삼았던 18세기 고전주의 시대를 뜻한다. 하지만 더 넓은 의미에서 '클래식'은 시대를 초월하여 가치를 지니는 예술 자체를 말하기도 한다. 우리가 '클래식 음악'이라고 부르는 것은 후자일 것이다. 시대를 관통하며 꾸준히 클래식 음악회의 레퍼토리에 이름을 올리고 있는 서양음악 작곡가들, 이를테면 바흐와 헨델, 비발디(17세기~18세기 중반 바로크 시대)부터 하이든, 모차르트, 베토벤(18세기 고전주의)을 거쳐 쇼팽, 리스트, 차이콥스키, 라흐마니노프(19세기 낭만주의)까지도 우리는 고전 즉 클래식 음악이라는 말로 담아낸다.

물론 이런 용어 문제야 학문적 관심으로 음악을 만나는

사람들에게나 필요한 고민거리일 수 있다. 하지만 개념과 정의가 모호한 상황에서 소통에 오류와 오해가 생겨나는 것은 이상한 일이 아니다. 그런 점에서 클래식 음악이 어렵다는 입장은 이 용어가 이미 가지고 있는 모호함과 무관하지 않을 수 있다.

게다가 우리가 클래식 음악이라고 부르는 것은 해외에서 수입한 타 문화권의 전통음악이다. 그 음악이 태어난 환경만이 아니라, 그 환경에서 자라난 음악의 역사, 전통, 관행에 대해 우리는 아는 바가 별로 없다. 클래식 음악은 곡 제목부터 어렵다는 불평 아닌 불평도 수차례 들어보았다. 가령 이런 것 아닐까. 클래식 라디오에서 아나운서가 이렇게 소개하는 것이다. "이번에 들으실 곡은 요한 제바스티안 바흐의 BWV 208번, 일명 《사냥 칸타타》에 수록된 곡이지요. 10번 아리아 〈양들은 한가로이 풀을 뜯고〉 보내드릴게요. 카티아 부니아티쉬빌리의 피아노 연주로 듣겠습니다."

바흐야 초등학생 때부터 들어온 이름이라 익숙한 편. 아마 음악의 아버지가 누구냐고 물으면 바흐의 이름을 쉬이 기억해낼 수 있을 것이다. 하지만 당장 그다음부터가 문제다. BWV에, 《사냥 칸타타》는 무엇이고, 10번 아리아? 《사냥 칸타타》가 곡 제목인 줄 알았건만 제목에 버금가는 것이 또 등장한다. '양들은 한가로이 풀을 뜯고.' 게다가 아리아라고 하지 않았던가? 아리아는 노랜데…… 그런데 왜 소프라노나

테너가 아니고 피아노 연주로 듣는다고 한담? 카티아
부니아티쉬빌리······ 연주자 이름은 또 왜 이리 긴 걸까.

　이런 것들은 클래식 음악의 역사나 문화가 익숙한
사람들에게는 그리 문제가 되지 않는다. 외려 클래식 음악의
고장에서 자라난 사람들에게 그 길고 긴 제목은 어려운
것이라기보다 음악에 관해 필요한 내용을 자세하게 일러주는
정보다. 하지만 그렇지 않은 이들은 제목에서부터 벽을
마주한다. 이런 상황을 생각하면 음악에 관한 주변 지식이
무용한 것만은 아닌 듯 보인다.

　클래식 음악 문화가 엘리트주의 아니냐는 오해가
오해만은 아니라는 또 다른 근거는 앞선 것들보다 더
분명하다. 19세기 서유럽에서는 클래식 음악의 고급화 전략이
이루어진 전례가 이미 존재하기 때문이다. 무슨 말인가
이해하기 위해서는 서유럽 음악 역사를 간단하게라도
훑어야 한다.

　17세기 이전까지 클래식 음악의 주요 감상자는
귀족이었다. 귀족은 뛰어난 음악가들을 후원했다. 가문을
위해, 친목을 위해, 행사를 위해 필요한 음악을 후원
음악가들에게 만들고 연주하도록 했다. 그러다 1637년
이탈리아 베네치아에 공공 음악회장이 설립되면서 음악
청중은 귀족에서 일반 대중으로까지 확대된다. 이제 귀족이
아니라도 공연 티켓을 구매할 경제적 여건을 가진 사람이라면

누구나 음악을 감상할 수 있다. 콘서트홀이 설립되었다는 것은 단지 음악이 연주되는 장소가 바뀌었다거나 음악의 청중이 달라졌다는 것만을 의미하지 않는다. 그것은 음악 자체만이 아니라 음악 감상 문화에도 변화를 가져왔다.

이 시기에 사람들이 콘서트홀에 가는 것은 음악을 듣기 위해서만은 아니었다. 이 시기 음악회장은 음악이 있는 사교 모임의 장과도 같았다. 음악회장에는 음악을 들으러 온 사람만이 아니라 사람 구경 나온 사람도, 음악 소리를 들으며 책을 읽는 사람도, 산책 나온 개와 함께인 사람도 있었으니까. 그러다 이 상황에 또 한 번 변화가 생긴 것은 19세기에 들어서다. 여러 목적을 가지고 음악회장을 찾은 사람들 중 '음악을 들으러 온 사람들'이 주축이 되어 진지한 음악 듣기를 추구하는 현상이 나타나기 시작한 것이다.

일본의 음악학자 와타나베 히로시는 서양 근대의 음악 문화와 청중의 사회사를 다룬 저서 『청중의 탄생』에서 다음과 같이 적었다.

이러한 '고급'과 '저급'의 구분은 음악 청취 태도의 구분이기도 하며, 19세기에 이러한 형태로 만들어진 이분법은 지금도 여전히 우리의 음악 청취 양태에 영향을 미치고 있다.

예를 들어 독일의 대표적인 음악 사전인 『과거와 현재의 음악*Die Musik in Geschichte und Gegenwart*』의 '오락 음악*Unterhaltungs-musik*' 항목에 의하면 그것은 "감각의 만족에 의한" 음악이고 청중에게는 "내적인 고양은 물론, 자기 자신과 평이한 일상성을 초월하여 고양되고자 하는 의지가 결여되어" 있으며 "리듬과 음향의 자극"을 향유하는 데 심취하고 그들의 즐거움은 "작품 전체에 의해서가 아니라 사람의 눈을 끄는 아름다운 부분과 쉽게 받아들일 수 있도록 만들어진, 기분이 고양되는 부분에 의해" 발생한다. 19세기적 사례인 '정신'과 '감성'의 도식이 거의 그대로 발견되는 부분이다.[1]

히로시는 독일의 음악학자 베른트 슈폰호이어의 연구를 통해 19세기에 클래식 음악의 고급화 전략이 나타난 과정을 추적한다. 슈폰호이어에 따르면, 19세기 음악미학의 과제는 음악 예술의 입지를 끌어올리는 데 있었다. 서유럽에서 음악은 오랫동안 감성에 호소하고 감각적 만족을 추구하는 예술이라는 오명을 달고 있었다. 음악의 지위를 다지기 위해서는, 음악은 감성과 감각이 아니라 그 반대의 것, 이성에 의거하고 정신적 활동을 요구하는 고차원의 예술이라는 점을 강조해야 했다.

이러한 상황과 맞물려 음악 감상을 정신적 활동으로 인식하고 진지하게 듣는 것이 "올바른 청취법[2]"이라고 주장하는 부류의 사람들이 많아지기 시작했다. 이들은

스스로의 음악을 '고급 음악'이자 '예술 음악'으로, 그와
달리 음악을 감각적 경험을 일으키는 예술로, 웃고 떠들고
장난치는 데 배경처럼 존재하는 것으로 대하는 사람들이
좋는 음악을 '저급 음악' 혹은 '오락 음악'으로 구분 짓고
싶어했다. 같은 시기에 쇼팽이나 파가니니처럼 현란한
기교로 청중의 감각을 건드리고 정신 못 차릴 만큼 황홀경에
빠뜨리는 음악은 저급 음악이자 오락 음악, 베토벤이나
브람스, 혹은 리스트의 후기 작품들처럼 복잡하면서도
형식적 통일성으로 단단히 빚어진 음악은 예술 음악이라는
생각이 피어난 것은 우연이 아니다. "작품 전체를 감상하고
그것들을 통일적으로 파악하는 정신적 체험을 하는 것,
그것이 '예술 음악'의 '올바른 청취법'"[3]이었다. 지금이야
우리에게 클래식 음악 전체가 엘리트주의로 뭉뚱그려질지
모르나 19세기에는 그 안에서도 나름의 구분이 존재했다.

서유럽 음악 역사의 한 국면에 이와 같은 구별 짓기가
새겨져 있다는 사실은 클래식 음악이 풍기는 고급 문화
이미지, 엘리트주의적 인상이 그저 오해이기만 한 것은
아니라는 점을 보여준다. 하지만 클래식 음악이 고급 문화와
유관하다는 사실보다 더 중요한 것이 있다. 히로시는
이렇게도 적었다.

'클래식'은 '고급'이고, '오락'에 결여된 정신성을 어느 정도

가지고 있다는 인상을 우리는 왠지 모르게 받아들이기 쉽다.

(…) 그러나 이러한 발상은 19세기의 산물이고, 게다가 음악의 경우에는 상당히 무리한 이분법에 의해 만들어진 것이다.[4]

히로시는 클래식 음악이 엘리트주의건 어렵다고 느껴지건 장벽이 높아 보이건, 하는 오해 아닌 오해들은 정말로 그 음악이 그래서가 아닐 거라고 전한다. 그 음악과 연관된 생각들, 음악에 관한 말들, 행동과 태도, 권위자의 비평과 미학적 판단들이 한 겹씩 쌓이고 쌓여 거대한 오해의 덩어리로 우리 앞에 놓인 것일 수 있다. 19세기라는 특수한 시대에 특수한 미학적·음악적 상황에서 "만들어진" 19세기의 발상이 지금껏 우리에게 유효한 채 존재하고 있다.

음악을 둘러싼 지식들은 그 음악을 듣는 경험이 풍부해지도록 돕는다. 하지만 그것이 음악과 친해지는 데 걸림돌이 된다면 생각해볼 만하다. 게다가 그 지식이 지식을 위한 지식일 뿐이라면 더더욱. 음악 듣는 데 무슨 지식이 그리 필요한가.

그래서, 새삼스럽지만, 학생 신문 기자에게도 또 라디오 진행자에게도 이렇게 답할 수밖에 없었다. 일단 그냥 들어보시라고. 클래식 음악은 배경지식이 좀 있어야 제대로 감상할 거라는 편견, 어려운 음악이라는 오해, 아는 만큼 들린다는 선입견 같은 것은 다 뒤로하고 그냥 들어보자고.

처음엔 노랫가락만 커다랗게 들릴지 모르지만 점점 촘촘해질 것이다. 선율을 둥그렇게 감싸는 화음이 귀에 박히고, 노래와 화성을 단단히 지탱하는 베이스가 가슴을 쿵쿵 울리고, 시시각각 변하는 역동적인 리듬에 고개를 까딱이게 될 것이다. 그러면 어느새 서로 다른 악기들의 음색, 그 갖가지 소리들이 대결과 대화, 충돌과 조화로 직조되는 이야기에 빠져들 것이다.

그러다 어느 결엔가 음악에 대한 감상을 '멋지다' '감동적이다' 같은 두툼한 말로 갈음할 수 없는 순간에 당도하게 될 것이다. 음악 듣기의 감각적 스펙트럼은 듣는 만큼 촘촘해지는 것이므로, 그리고 이것은 지식으로만 채워질 수 있는 것이 아니므로. 그러니 이렇게 말할 수밖에 없다. 음악은 아는 만큼 들리기보다, 듣는 만큼 들리는 것이라고.

1   와타나베 히로시, 윤대석 옮김, 『청중의 탄생』, 강, 2006, 42~43쪽.
2   같은 책, 43쪽.
3   같은 책, 43쪽.
4   같은 책, 43쪽.

깊이 듣기의 기쁨

공부나 일처럼 무언가에 집중해야 할 때 클래식 음악을 틀어놓는 것은 이상한 일이 아니다. 음악 스트리밍 플랫폼에서는 '공부할 때 듣기 좋은 클래식 음악', '독서를 위한 클래식 음악' 같은 플레이리스트가 인기다. 가사 없는 기악 음악이 일하거나 독서하는 데 덜 방해된다는 생각에서일까. 알아들을 수 있는 가사가 있으면 귀가 자꾸 그쪽으로 커지게 마련이고, 거기다 잘 아는 노래라면 저절로 따라 부르게도 된다.

그렇지만 클래식 음악이 공부할 때 듣기 좋다는 생각은 클래식 음악에 대한 또 다른 오해처럼 보인다. 이것은 '아는 만큼 들린다'는 오해의 반대편에 있는 생각이다. '아는 만큼 들린다'가 클래식 음악을 지적 청취 행위의 꼭대기에 올려놓는다면, '공부할 때 듣기 좋은 클래식'은 효율을 높이기 위한 수단으로 음악을 전락시킨다. 클래식 음악을 향한 오해의 스펙트럼에서 양극단에 서 있는, 그래서 만날 수 없을 것만 같은 이 둘에게도 만나는 지점이 있다. 음악을 듣지 않는다는 것. 전자는 음악에 관한 주변 지식에 골몰하느라 정작 음악을 들을 새가 없고 후자는 음악을 배경으로 밀어내 의도적으로 들리지 않도록 한다.

클래식 음악은 들을 거리가 많은 음악이다. 클래식 음악만이 아니라 정교하고 복잡하게 구성된 음악이

대체로 그렇다. 여러 성부, 많은 악기들의 서로 다른 음색이
만들어가는 다채로운 소리들의 층위, 소리로 구성된
아이디어가 치밀하게 짜여나가는 과정이 그 안에 담긴다.
이런 과정을 배경으로 낭비하다가 맞이하는 클라이맥스는
그저 시끄러운 소음이 될 뿐. 클라이맥스가 진정으로 마음을
뿌리째 뒤흔드는 전율이 되는 것은 음악의 흐름과 발맞추어
뚜벅뚜벅 걸어 나가다 마침내 절정에 당도하게 되는 그
시간적 경험을 통해서다. 그러니 하던 일을 멈추고 볼륨을
높여 음악 앞으로 몸을 옮겨보라. 거기에서 그간 들리지 않던
무엇이든 듣게 될 것이다.

베토벤 교향곡 7번은 네 악장 전부 호불호 없이
사랑받는 작품이다. 전반적으로 명랑한 기운을 가졌지만,
2악장*Beethoven: Symphony No. 7, Op. 92: II. Allegretto*만은 그것과
대비되는 처연하고도 비장한 아름다움을 품는다.
이 2악장은 단순한 악상이 자꾸 반복되면서 전개되지만,
그 반복 안에서 축적되어가는 음들의 두께와 성부들의
짜임은 그리 간단하지 않다. 하지만 그 간단하지 않은 음들의
과정을 착실하게 들으려 할 때, 이 음악이 줄 수 있는 감동을
그 크기에 걸맞게 온전히 맞이할 수 있다.

여러 부분들로 구성된 이 2악장 중 첫 번째 부분을 함께
들어보려고 한다. 위에 QR코드로 삽입된 음악이, 때로는
적절하게 골라낸 악보 조각들이, 이 글에 묘사된 소리를

≫ 2악장 도입부(베토벤 교향곡 7번 2악장 알레그레토, 마디 1~7).

이해하는 것을 도울 것이다.[1]

※

2악장을 여는 악기는 각각 오보에와 클라리넷, 바순, 호른
네 파트다. 호른은 금관악기로 분류되지만, 그것이 목관
5중주를 구성하는 악기 중 하나임을 고려하면 목관악기의
화음으로 2악장이 시작된다고 말해도 크게 틀리지 않다.
이 악기들은 가단조 *A minor*로 된 이 음악의 으뜸화음(라-도-
미)을 길게 들려주는 것으로 2악장을 연다.

　목관악기의 화음이 잦아들면 저음 현악기가 뒤를
잇는다. 비올라, 첼로, 콘트라베이스의 행진곡풍 리듬이 낮고
여리게 깔린다. 세 파트는 모두 똑같은 리듬을 연주한다.
하지만 음높이는 다르다. 비올라는 주제 선율을, 첼로와
콘트라베이스는 화음으로 그 선율을 사뿐 감싼다. 마치
아카펠라 그룹이 노래하는 것처럼. 아카펠라라. 그러고 보니
도입부에서 울린 목관악기의 3화음은 아카펠라 음악에서
가수들이 올바른 음정을 잡기 위해 노래를 시작하기 전에
소리를 내보는 음향과 닮았다. 이렇게 2악장은 목관악기가
안내하는 화음에 이어 아카펠라 같은 저음 현악기로
시작한다.

　이 곡의 주제 선율을 들어보자. 옆의 악보에서 볼 수

>> 2악장의 주제 선율.

있는 것처럼, 주제 선율은 모두 스물네 마디로 되어 있다. '운명'이란 별명이 붙은 베토벤의 또 다른 교향곡을 주도하는 네 음 모티브 '따따따딴'에 비하면 좀 긴 듯하지만 선율 자체는 단순하다. 네 마디 동안 '미' 음만 들려주던 주제 선율은 다섯 번째 마디에서 가까스로 음을 옮긴다. 그렇지만 그 움직임도 여러 음을 건너뛰기보다 바로 옆의 음으로 최소한으로만 나타날 뿐이다.

주제 선율의 구조는 세 부분으로 나뉜다. '미'로 시작해 차근차근 '솔'까지 도달하는 첫 번째 악구ⓐ 이후에, 두 번째 악구ⓑ에서는 '솔'로 시작해 가장 높은음 '시'에 이르렀다가 다시 첫 음 '미'를 거쳐 으뜸음 '라'에 도착한다. 이렇게 이 두 부분은 완만하게 굽은 아치형 곡선을 위아래로 그려낸다. 이어지는 세 번째 부분은 두 번째 악구ⓑ를 똑같이 반복하는 것으로 마무리된다.

이 단순한 선율선이 지루하지 않은 것은 첼로와 콘트라베이스 덕분이다. 비올라는 첫 네 마디 동안 '미' 음 위에 고정되어 있지만 첼로와 콘트라베이스는 움직인다. 세 악기가 다 함께 울리는 화음을 그 자체로 주제라고 해도 좋을 음향이 이렇게 만들어진다. 낮은 음역에서 펼쳐지는 음들의 미세한 변화를 들어보라. '여리게p' 그리고 '매우 여리게pp' 연주되는 소리들은 바람 한 점 없는 해변의 고요한 바닷물처럼 가벼이 살랑일 뿐이다.

2악장의 첫 번째 부분은 바로 이 선율이 네 번 반복되는
것으로 채워진다. 처음 주제 선율을 들려준 비올라에 이어,
제2바이올린, 제1바이올린, 그리고 목관악기군이 차례로
주제 선율을 되풀이한다. 같은 선율이 네 차례 계속되는
이 음악의 흐름은 고요한 바다 같던 소박한 악상이 폭풍처럼
장대한 음악으로 한 걸음 한 걸음 나아가는 과정을 들려준다.
이어지는 글에서는 편의를 위해 주제 선율이 반복되는
부분들을 각각 A, B, C, D라고 부를 것이다.

A 비올라 ㅣ B 제2바이올린 ㅣ C 제1바이올린 ㅣ D 목관악기군

비올라 파트가 주제 선율을 연주하는 A부분을 끝마치면
제2바이올린이 그것을 이어받으며 B부분에 들어선다.
비올라, 첼로, 콘트라베이스만 소리 내던 음향 위에 이제
제2바이올린의 가락이 얹힌다. 셈여림 기호는 여전히
'여리게'와 '매우 여리게'에 머무른다. A부분과 크게 달라진
것이 있다면, 이제는 각 파트가 자신들 나름의 음악을
들려준다는 점이다. 콘트라베이스는 크게 도약하는 음들을
새로운 리듬으로 연주한다. 그 결과 성부들의 짜임새가
이전보다 까다롭게 얽힌다.

이런 점은 비올라와 첼로 파트를 통해 더 강화된다.
비올라와 첼로는 서로 짝을 이루어 주제 선율보다도

≪ 제2바이올린이 주제 선율을 시작하는 B부분 (마디 27~37).

서정적인 선율을 노래하기 시작한다. 이런 것을 대선율對旋律, Countermelody이라고 부른다. 주제 선율에 '대한' 선율, 주제 선율과 '대위'를 이루는 또 다른 선율이라고 이해하면 좋다. 담담한 고백처럼 나직한 주제 선율, 거기에 짙은 감정을 호소하는 대선율이 만나자 음악이 자아내는 비통한 감정의 밀도가 한층 높아진다. 이렇게 B부분에서는 제2바이올린, 비올라-첼로, 콘트라베이스가 서로 조화를 이루되 각자 나름대로 선율과 리듬을 연주하면서 복잡하게 짜여나간다. 고요하던 바다 표면이 살살 불어오는 서풍에 진동하기 시작한다.

제2바이올린이 주제 선율을 마치면, 50마디 동안 잠자코 있던 제1바이올린이 마침내 나선다(C부분). 제1바이올린은 제2바이올린에게서 주제 선율을, 제2바이올린은 비올라-첼로에게서 대선율을 이어받는다. 제1바이올린은 제2바이올린보다 한 옥타브 높은음에서 주제 선율을 시작한다. 제2바이올린이 비올라를 잇따를 때와 마찬가지로. 제1바이올린과 제2바이올린의 두 선율이 노래하는 동안, 비올라-첼로, 베이스는 또다시 새롭게 선보이는 리듬으로 화성 반주를 들려준다. 서로 주고받는 듯 펼쳐지는 이들의 화성 반주는 여러 음들을 도약하며 굽이친다. A부분에서 C부분에 이르는 동안, 저음 악기의 노래는 차차 고음 악기로 번져간다. 음악이 고음을 향해 나아갈수록 가느다란 현의

《 제1바이올린이 주제 선율을 들려주는 C부분 (마디 51~59).

팽팽한 긴장이 음악 안에 차곡차곡 쌓인다.

　　　게다가 C부분에서 마침내 나타나는 셈여림 변화는
음악의 긴장을 더욱 높인다. 음악은 여느 때와 같이 '여리게'
시작하지만, 악보엔 셈여림에 관한 또 하나의 지시가 적혀
있다. 크레셴도 포코 아 포코*Cresc. poco a poco* 점점 세게, 점차적으로
이 셈여림의 변화는 제1바이올린이 주제 선율을 연주하는
C부분 내내 극도로 점진적으로 나타나면서 긴장감을
끌어올리고, 마침내 첫 부분의 클라이맥스에 다다른다.
어느새 음악은 거센 파도가 되어 힘차게 너울거린다.

　　D부분으로 들어서면, 이제 플루트, 오보에, 클라리넷,
바순, 호른 다섯 파트가 여러 옥타브로 다 함께 주제 선율을
노래한다. 제1바이올린은 제2바이올린에게 이어받은 대선율을
다시 한번 옥타브 높여 연주한다. 화음 반주를 맡은
제2바이올린, 비올라, 첼로, 콘트라베이스의 리듬은
첫 시작과 비할 바 없이 복잡해졌다. C부분에서 비올라-
첼로가 연주하던 리듬을 제2바이올린이 이어받고, 비올라,
첼로, 콘트라베이스는 이제 한층 더 복잡한 셋잇단음표
리듬을 연주한다. 셋잇단음표는 4분음표를 두 개의
8분음표로 나누는 대신 세 개의 8분음표로 나눈다.
그러므로 이들이 동시에 연주하면, 4분음표를 둘로 나눈
리듬과 셋으로 나눈 리듬이 중첩되어 삐걱대게 된다.
D부분이 시작되는 2분 27초부터 음악을 주의 깊게 들어보라.

목관악기군의 주제 선율 D부분의 도입부 (마디 75~79).

저음역에서 들려오는 리듬 반주가 앞선 부분들에서보다
한껏 생동감 있게 일렁이는 것을 알아차릴 수 있다.

셈여림은 어떤가. 이제껏 들어온 것 중 가장 커다란
소리를 마침내 D부분에서 듣게 된다. C부분부터 점진적으로
음량을 키워온 음악은 D부분에서 셈여림 기호 '매우 세게$f\!f$'에
다다른다. 오케스트라의 전체 악기들이 처음으로 다 함께
소리 내는 D부분에서 음악은 그동안 아껴왔던 모든 잠재적
에너지를 힘껏 터뜨린다. 앞선 음악의 시간들이 마치
이 순간을 위해 존재했던 것인 양 울리는 오케스트라의
장대한 음향은 대단한 감격 속으로 청자를 끌어들인다.
이제 우리는 바다 위로 뛰어들어 큰 폭으로 꺾여져 내리는
파도 위에 몸을 맡긴다.

음악을 몰입해서 듣는다는 것은 이렇듯 촘촘한 소리들에
청각을 곤두세워 보는 일이다. 물론 음악을 듣는 방식은
다양하다. 클래식 음악 장르에서 역시 여러 형식의 음악
듣기가 있을 수 있다. 그러니 공부할 때 클래식 음악을
배경음악으로 두는 것이 틀린 것일 리 없다. 그러나 베토벤
교향곡 7번 2악장의 일부만을 들어봐도 금방 알 수 있는
것처럼 들을 거리가 차고 넘치는 음악을 그저 배경으로만
소비하고 마는 것은 참으로 아쉬운 일이다.

이 글에서 들어본 것은 QR로 삽입된 음원으로 단 3분을
조금 넘는 길이의 음악이지만 그 안에는 이토록 빽빽한

소리가 섬세하게 짜여 담긴다. 한 음악을 듣고 또 듣는 일이 따분하지 않은 이유는 그 음악이 품고 있는 소리의 두께가 묵직해서다. 소리의 두께가 두터운 음악은 처음 들을 때와 두 번, 세 번 들을 때 저마다 다른 감동을 안긴다. 들을 때마다 새롭고, 새로운 만큼 벅차다.

깊이 듣기의 기쁨은 바로 여기에 있다.

1   여기 첨부된 악보는 독일의 악보 출판사 '브라이트코프 & 해르텔*Breitkof & Härtel*'이 1993년에 출판한 것으로, 피터 하우스힐트*Peter Hauschild*의 편집본이다.

슬픔을 노래하기

note. 04

창밖은 깜깜했다. 비가 내리고 있었다. 덜컹대며 달리는 고속버스 안. 어디를 향하고 있던 것인지는 또렷하게 기억나지 않는다. 다만 그날, 나는 그 버스 안에서 제주로 향하던 배가 진도 부근에서 침몰했다는 뉴스를 듣고 있었다는 것을 기억한다. 믿기 어려운 말이 계속해서 앵커 입에서 쏟아져 나왔다. 깜깜한 버스 안, 전방에 거치된 TV는 홀로 외로운 빛을 토해내고 있었다. 앞 좌석 의자가 그 빛을 가려주는 데까지 몸을 낮췄다. 두툼한 빗줄기가 창문을 때리는 소리 아래서 숨죽여 눈물을 훔쳤다.

　몇 년 후 그런 일이 있었다는 기억조차 흐릿해진 일상을 보내고 있을 때쯤, 지하철역 에스컬레이터에서 앞사람 가방에 달린 노란 리본을 보았다. 그 작은 물체는 순식간에 2014년 4월의 슬픔으로 나를 이동시켰다. 별것 아닌 것처럼 보이는 그 열쇠고리는 잠깐 사이에 정서적 소용돌이를 일으켰다.

　음악이야말로 그런 힘을 가졌다. 그렇다는 것을, 노래하기가 제한되었을 때 더 선명하게 깨달았다.

　우리는 2022년 10월 젊은이들의 죽음을 또 한 번 목도했다. 그 어처구니없고 황망한 충격 앞에 말을 잃고 말았다. 말 잃은 상처를 아파할 틈 없이 우리 사회는 책임자 색출에 나섰다. 국가애도기간이 선포되었지만 잘못한 사람을 신속하게 벌주고 빨리 그 아픔을 덮으려는 사회에서 진정한 슬퍼하기는 외면될 수밖에 없다.

이 거대한 슬픔의 파도 앞에서 음악은 사치였다. 예정되어 있던 음악회들이 줄줄이 취소되었다. 그때 가까스로 취소되지 않은 한 음악회를 다녀온 후 왜 음악은 슬픔 앞에 힘을 잃어야만 하는가 되묻지 않을 수 없었다.

공연이 시작되기 전 관객들은 첫 번째 음악이 연주된 후에는 박수를 삼가달라는 안내를 받았다. 얼마 전 일어난 비극에 대한 슬픔에 다 함께 마음 모으자는 뜻 같았다. 그날 예정된 첫 번째 음악은 생소한 작곡가의 현대 작품이었다. 잘 모르지만 조금은 난해하거나 복잡스러운 음향이 흐르지 않을까 짐작만 하고 있었다. 시간이 되자 객석 조명이 잦아들었다. 무대가 차츰 밝아지고 연주자들이 등장했다. 객석은 고요했다. 관객들은 손가락 걸고 약속한 것처럼 박수 대신 침묵 속에 연주자를 맞았다. 엄숙한 적막, 그것을 깨고 시작된 음악은 예정된 현대 작품이 아닌 에드워드 엘가의 《수수께끼 변주곡*Enigma Variations*》(1899) 중 〈님로드*Nimrod*〉였다.

첫소리를 듣는 순간 왈칵 눈물을 쏟아내고 말았다. 그리고 그 연주가 끝날 때까지 눈물을 멈추기 어려웠다. 나만 그런 게 아니었을 것이다. 그제야 알았다. 가야 하니까 직장에 가고, 해야 하니까 일을 하고, 그래야 하니까 밥을 먹고, 또 그래야 하니까 잠을 자지만, 그런 우리에게도 슬퍼할 시간이 필요했다는 것을. 그 자리에서야

비로소 젊은 생의 안타까운 마지막을 마음 깊이 애도할 수 있었다.

※

지난 2023년 생을 마감한 류이치 사카모토의 삶과 죽음, 그리고 그의 음악을 기억한다. 류이치 사카모토는 2014년 암 진단을 받은 후에도 담담히 음악 활동을 이어갔다. 2018년 공개된 다큐멘터리 영화 〈류이치 사카모토: 코다〉(이하 〈코다〉)에는 암 투병 중 영화 음악을 만드는 그의 모습이 담겼다. 하루에 수십 알의 약을 삼키면서도, 그는 다시 음악 앞으로 가 앉았다. 완치했다가 2020년에 재발했을 때도 다르지 않았다. 암과 싸우기보다 함께 살아가겠다고 말한 그는 자신의 하루하루가 죽음에 가까워 가는 걸음이었음을 누구보다 또렷하게 인식했을 것이다. 그럼에도 그는 그 길에서 더 뜨겁게 음악을 껴안았다. 대체 음악이 무엇이기에 그는 죽음 앞에서도 음악을 붙들고 있었을까.

　사카모토는 〈코다〉에서 "지속되는, 사라지지 않는, 약해지지 않는 그런 소리를 내내 동경"해왔다고 말했다. 하지만 음악을 만들 때 주로 피아노로 작업한다는 그는 또 이런 말도 남겼다. "피아노는 울림이 지속되지 않거든요. 그냥 두면 소리가 약해지다가 없어져요." 사카모토는 사라지지 않는 소리를 갈망해왔다. 마치 우리가 삶을 대하는 태도처럼. 변함없이 지속될 것 같은 이 삶에 기어코 죽음이 오고야 만다는 사실을 우리는 생의 순간순간 잊고 산다.

그러나 소리는 반드시 약해지고, 그러다 사라진다. 그가 지속되는 소리를 좇은 건 그것이 틀림없이 소멸된다는 사실을 인식해서였을까. 영원히 시들지 않기를 바라지만 반드시 사라져버리고 마는 것이, 우리와 같은 음악의 운명이다.

그래서겠다. 그가 죽음을 목전에 두고도 다시 음악 앞으로 가 앉았던 것은. 생이란 영원할 것 같은 아름다움을 품고 종결을 향해 뚜벅뚜벅 걸어 나가는 음악과 다르지 않다는 사실을 그는 깨달았을 것으로. 게다가 음악은 자신이 일생에 걸쳐 가장 오랫동안 해온, 그리고 모름지기 가장 잘할 수 있는 일이었을 것으로. 아무리 강렬하고 찬란한 아름다움을 가진 것이라도 반드시 멸하고야 만다는 사실을, 그는 음악의 시간에서 이미 깨우쳤을 것이다.

생의 시간 동안 죽음은 멀리 있다. 적어도 그렇게 느껴진다. 사카모토의 작업은 삶과 죽음이 분리될 수 없다는 인식을, 생의 존재 방식을 닮은 음악으로 비춘다.

음악이 그런 것이라면, 왜 우리는 죽음 앞에서, 그 힘겨운 슬픔 앞에서 노래를 멈추어야 하는 것일까. 왜 침묵하며 슬퍼하는 것만이 올바르고 타당한 슬퍼함인가.

혹 즐거워야만 마땅한 것이라는 기대를 음악에 걸고 있는
것일까. 잔칫집에나 어울리는 한가한 놀이라는 관념을
음악에 새기고 있는 것일까. 만일 그렇다면 음악의 한 면만을
지나치게 확대해 인식하는 것은 아닐지 모르겠다.

　　사람들은 아주 오래전부터 누군가의 죽음을 기리기 위해
또 집단적 상처의 슬픔을 견디기 위해 노래해왔다. 우리나라
장례 현장에서 듣는 상엿소리나 서양의 장례미사에서 부르는
노래는 슬픔을 인식하고 또 그것을 받아들이는 애도의
한 모습이다.

　　오랜 옛날까지 살필 것 없다. 무언가의 상실과 부재
앞에서 찾아 듣는 위로의 노래, 혹은 더 격하게, 울부짖음이
되는 노래의 광경을 곁에서도 목격할 수 있다.

　　아빠의 아홉 살 어린 남동생, 삼촌이 결혼하던 날
아빠의 얼굴을 기억한다. 20대 때 여읜 어머니와 뇌졸중으로
병상에 누워계신 아버지를 대신해 그날 아빠는 40대 초반
나이에 신랑 측 부모 자리에 앉았다. 우리 집은 대전이었고
결혼식장은 서울이었으므로 가족과 친척들은 아침
일찍 관광버스를 타고 서울로 향했다. 식장으로 향하던
길이었는지 결혼식을 마치고 대전으로 돌아가는 길이었는지
선명하지 않지만, 그날 아빠는 친척 어른들의 박수와 환호에
못 이겨 달리는 관광버스 안에서 마이크를 잡고 노래를
불렀다. 어린 삼촌의 부모 노릇을 대신해서였을까. 그날

아빠는 돌아가신 어머니가 유난히도 그리웠던 것 같다.
조용필을 최고 가수로 꼽는 아빠가 〈단발머리〉 〈모나리자〉
같은 노래를 부르면서 흥을 돋우다가, 나훈아의 〈어매〉를
목 놓아 부르기 시작했다. 목덜미가 새빨개질 때쯤
아빠 얼굴은 눈물로 범벅이 되어 있었다. 그때 나는 아빠의
우는 얼굴을 처음 목격했다.

그 눈물이 부모의 부재에 대한 슬픔만은 아니었겠으나,
그것은 아빠에게 부재의 슬픔을 기억하는 일, 그러면서도
그 상실을 다시 한번 받아들여 보는 일이기도 했을 것이다.
노래는 어느 순간에도 무너지지 않겠다고 처절하게 버텨내던
90년대의 한 가장을 한순간에 무장 해제시켰다. 억누르는
대신 분출시키고, 외면하는 대신 받아들이게 했다. 슬픔을
노래하는 일은 침묵하는 애도의 다른 얼굴이다.

류이치 사카모토가 음악으로 한 일은 사라지는
소리를 붙들어보는 것이었다. 그러면서도, 소리는 어김없이
소멸한다는 사실을 받아들이는 일이기도 했다. 그것은
애도하는 마음을 닮았다. 슬퍼하는 일은 사라진 것을 끝내
붙들어보려는 발버둥에서 출발하지만, 그 발버둥은 마침내
상실과 부재를 스스로 수락하게 하는 마음에 이른다.

그러니 슬픔 앞에 노래하는 일은 한갓진 예술 놀이가
아니라, 슬픔을 마주하는 용기다. 그러므로 이런 꿈을 품어
보게 된다. 부모가 부재한다는 슬픔 앞에 목청껏 노래하는

아빠의 기백 같은 것이 여기저기 만연하기를, 침묵하는
슬퍼함만이 아니라 목 놓아 우는 슬퍼함 또한 허용되기를,
큰 슬픔 앞에 노래하기를 주저하지 않아도 되기를.

1   엘가가 친구들을 기억하며 만든 《수수께끼 변주곡》, 그중
     아홉 번째 변주곡 〈님로드〉는 추모곡으로 연주되는 음악들 중 하나다.
     처음부터 그런 목적으로 만들어진 음악은 아니다. 그러니까
     장례미사를 위한 레퀴엠Requiem처럼, 죽은 이를 위한 음악으로 작곡된
     것은 아니다. 1912년 일어난 타이타닉 호 침몰 사고의 희생자를 기리고
     추모 음악회에서 엘가는 〈님로드〉를 지휘해 유가족을 위로했다.
     이후 〈님로드〉는 자주 추모곡으로 연주되곤 한다. QR로 삽입된 음악은
     다니엘 바렌보임이 지휘하는 시카고 심포니 오케스트라의 연주다.
     바렌보임은 오랫동안 시카고 심포니 오케스트라의 예술감독으로
     지냈던 지휘자 게오르그 솔티가 타계한 후 그를 기리는 추모 음악으로
     〈님로드〉를 연주했다.

노래의 흔적

소리는 원하든 원하지 않든 우리에게 들이친다. 듣고 기뻤던 일, 슬펐던 일, 화났던 일…… 그런 소식과 소리는 갑자기 전달되는 편지처럼 우리에게 도착한다. 받고 싶어도 받고 싶지 않아도 받을 수밖에 없는 편지처럼. 그래서 소리가 닿는 방식은 우리가 이 세계에 함께 존재하는 모습과 닮았다. 삶이란 시시각각 예견하지 못한 존재나 상황들과 불현듯 마주하는 일의 연속이다.

소리는 순간적으로만 존재했다가 사라지는 것이기도 하다. 그런데 어떤 소리는 그 잔상 같은 것만은 소멸하지 않고 우리 기억과 신체에 새겨지기도 한다. 어쩌다 대학교 입시곡을 들으면 그 음악이 들리기보다 음악을 만들던 훈련의 시간이 불려 나온다. 여행 가서 줄곧 하나의 음악만 들었으면 아무리 시간이 흘러도 그 음악을 만날 땐 여행지 기운이 소환된다.

소리는 그런 것이구나. 그러다 문득 이렇게 묻게 된다. 내게 새겨진 소리가 나를 만드는 건 아닐까. 그렇게 축적된 소리들의 총합이 나라면. 기습처럼 당도한 소리들, 그중에서도 내게 각인된 소리들, 그 소리들에 대한 나의 반응들이 지금의 나를 완성한 거라면.

내 기억, 나의 몸에 새겨진 소리의 흔적을 따라가본다.

어릴 적 우리 집 거실엔 커다란 전축이 놓여 있었다.

표면에 손을 가져다 대면 두둥 두둥 소리를 진동으로도 느낄 수 있는 스피커가 딸려 있었다. 아빠는 그것으로 조용필의 거의 모든 노래를 들었다. 덕분에 우리 세 자매는 조용필 세대(?)는 아니지만 그의 대부분의 노래를 지금도 따라 부를 수 있다. 전축에선 조용필 노래만 흐른 것이 아니다. 엄만 안토니오 비발디의 《사계Four Seasons》(1723)를 들려주셨다. 들려주셨단 표현이 적절한 것 같은데, 왜냐하면 음악을 들려주면서 엄마는—지금 생각해보면 약간의 허영과도 같았던 듯한데—이런 말을 덧붙이셨기 때문이다. "이 곡은 비발디의 《사계》란 작품이야. 이 정도는 듣고 알아야지." 그러니까 듣고 싶어서라기보단 들어야할 것 같은 음악을 들려주셨던 것이다. 하여튼 그렇게 조용필과 비발디의 음악이 나란히 흐르던 곳이 우리 집 거실이었다.

온 가족이 이동하는 자동차 안에서는 다른 음악도 흘렀다. 초등학생 시절 언니는 가수 임창정의 노래를 좋아했다. 언니는 집에 있을 때 라디오를 끼고 살았는데, 가만히 듣다가 DJ가 임창정 노래를 보내주면 잽싸게 녹음 버튼을 눌러 자기만의 임창정 테이프 앨범을 만들어 소장해두곤 했다. 물론 정식 앨범도 있었다. 삼촌은 임창정의 새 앨범이 나올 때마다 잊지 않고 언니에게 선물했다. 그래서 아빠 차에 타면 임창정 노래를 들었다. 어쩔 땐 임창정 목소리보다 그 노래를 따라 부르는 우리 세 자매의 목소리가 더 컸던 것도 같다.

　우리 집엔 이렇듯 다른 노래들이 흘렀다. 난 그런
노래들을 들으며 자랐다.

　우리 집의 어떤 소리는 담 넘어 옆집을 비집고 들어가기도
했다.

　엄마는 어린 내가 낮잠에 들면 옆집으로 자주 마실을
갔다. 잠에서 깨면 방 안에서 눈 비비며 일어나 엄마를
불렀다. 거실에 나왔는데도 엄마의 목소리가 들리지 않으면
금방 무서워져 울기 시작했다. 엉엉 울면서 마당까지 나와
"엄마"를 부르짖었다. 그러면 엄마가 깔깔깔 웃으면서
옆집으로부터 뛰어와 안아주었다. "은희 이모네 있는 거
알면서 왜 맨날 울어." 이모들 목소리도 들리는 것 같았다.
"언니, 애기 깼다, 얼른 가봐." 그러게. 엄마가 거기 있는 걸
잘 알고 있으면서도 그땐 늘 눈물부터 났다. 엄마의 목소리가
내게 닿고 나서야 울음이 멈추었다.

　혹은 옆집의 소리가 우리 집 마당 안으로 흘러들기도
했다. 우는 소리만이 아니다.

　바로 앞집엔 어렸을 적 단짝이 살고 있었다. 그의
어머니는 피아노 선생님이었다. 방마다 피아노가 놓여 있었고
여느 피아노 학원에서처럼 그 집에선 피아노 소리가 쉴 새
없이 흘러나왔다. 뜨거운 여름 창문을 활짝 열고 치는
피아노 소리는 동네 골목길에 울려 퍼졌다. 피아노 선생님이

연필로 딱딱딱딱 박자 치는 소리도 생생했다. 어느 날엔
그 소리에 홀린 듯 대문을 넘어 그 집 안으로 들어갔다.
내 또래만 한 아이들이 피아노를 배우는 모습을
부러운 눈으로 바라보았다.

어렸을 적 풍경에서 소리의 담은 낮고 부드러웠다.
이웃들 간 소리는 자연스럽게 서로에게 침투하는 것이었고,
그것은 서로의 안부이자 존재의 증명이기도 했다. 지금은
많은 것이 조심스러운 시대, 지나치게 경직된 시대, 혹은
서로를 향한 과한 배려의 시대. 그 배려의 문턱을 넘는 일에
쉬이 도덕적 잣대를 들이밀게 된다. 드물게 침범하는 작은
소리마저 허용하기 어려운 긴장의 시대가 도래했다.

내게 각인된 소리의 흔적을 더듬다 아빠의 노래를
다시 떠올린다. 얼마 전 부모님은 조용필 콘서트에
다녀오셨다. 신이 난 아빠는 콘서트 현장을 영상에 담아
보내왔다. 그 영상엔 가수의 목소리가 묻힐 만큼 커다란 그의
노랫소리가 있었다. 아빠는 목청 높여 노래 부르고 있었다.

오랫동안 내게 아빠는 무채색에 가까운 사람이었다.
도무지 좋아하는 게 없는 사람. 김치 반찬 하나만 있어도
밥 한 그릇 뚝딱할 수 있다고 말하는 사람. 그 무엇에도
큰 흥미를 느끼지 않는 사람. 좋아하는 게 무어냐 물어도
모르겠다고 대답하는 사람. 우리 아빠만의 일은 아닐 것이다.
자신이 아니라 가족을 위해 사는, 가족을 위해 모든 것을

희생하는 가장. 우리 시대 아빠들의 얼굴은 그렇듯 비슷한
회색빛인 줄만 알았다.

하지만 내게 남겨진 소리의 흔적, 아빠가 보내온
영상 속 목소리는 정반대 것을 말해주고 있었다. 노래를 향한
그의 마음은 뜨겁다 못해 강렬했고 찬란하다 못해 눈부셨다.
소리의 흔적을 헤아리는 일은 그가 이토록 노래를 사랑하는
사람이라는 것을 새삼 깨닫게 한다. 그의 열정이 얼마나
뜨거운지, 그가 얼마나 반짝이는 사람인지를.

끊임없이 내게로 흘러들던 그의 목소리를 이제야
진정으로 끌어안아 본다. 그 스스로도 자각하지 못한 채
부르짖던 그의 존재를, 마침내 받아들여 본다.

받을 수밖에 없는 편지처럼 도착하는 소리들을 듣는다.
어떤 소리는 그냥 흘러가고 어떤 소리는 진하게 새겨지고
어떤 소리는 존재로서 내 앞에 선다.

비상하는 소리

다듬이질 소리

몇 해 전 모처럼 쾌청하던 봄날, 부모님이 서울로 나들이를
오셨다. 그날 함께 둘러본 곳은 국립중앙박물관이었다.
주말 한낮의 박물관은 입구부터 북적였다. 그래도
지하철에서 내려 박물관에 다다르기까지 지나는 잘 정돈된
길은 주말 나들이를 나온 가족을 들뜨게 하기에 충분했다.
박물관 입구에 이르니 건축물 사이로 난 계단 뒤편으로 솟은
남산타워에 한동안 시선이 머물렀다. 그 앞을 찬찬히 걷다
건물 안쪽으로 걸음을 옮겼다. 길게 뻗은 아트리움으로
햇볕이 들었다. 뜨거운 햇빛이 유리로 된 천장을 통과해
단단하고 매끈한 상앗빛 벽면에 영롱하게 닿았다.

상설 전시관에는 도자기, 금속공예품, 서화, 기증받은
역사적 문서나 옛 생활용품 같은 것까지 수많은 볼거리가
진열되어 있었다. 거기엔 처음에는 분명 새하얬을, 지금은
황톳빛에 가까운 종이 위에 검은색 먹의 농담으로만
자연을 새겨 넣은 수묵화와 어떤 기술과 공정이 필요했을지
가늠하기 어려울 만큼 정교한 공예품들이 나란히 놓여
있었다. 그것들을 꼼꼼히 응시하면서 느리게 걸었다. 그러다
다듬잇돌 앞에 걸음을 멈춘 엄마가 어릴 적 기억을 소환했다.
"어렸을 때 외할머니가 다듬이질하는 소리 듣다가 잠들곤
했어." 엄마와 나는 한 시대를 살며 함께 숨 쉬고 있는데도
엄마의 한 시절을 함께했다던 그 소리는 내게 낯선 것이었다.
엄마의 삶을 둘러싸고 있었을 소리 풍경을 헤아려본다. 우리

사이에 놓인 30여 년의 시간은 어쩌면 생각보다 긴 시간일지 모른다.

어떤 소리를 듣고 살아가느냐 하는 문제는 중요하다. 적어도 '소리 풍경Soundscape'이란 말을 널리 알린 머레이 셰이퍼에게는 그렇다. '소리 풍경'이란 말은 '소리Sound'와 '풍경Landscape' 두 단어를 결합해 만든 용어다. 누가, 언제 처음 이 말을 사용했는가에 관해서는 여러 의견으로 갈리기도 하지만 여기서는 그리 중요하지 않다. 확실한 것은 소리 풍경이란 말이 보편화된 데는 셰이퍼의 공이 크다는 사실. 그는 소리 연구 분야의 고전이 된 저작 『사운드스케이프: 세계의 조율』(그물코, 2008)에서 이 용어를 개념화한다. '소리 풍경'이라는 말이 이미 암시하듯, 그 탄생은 눈에 보이는 풍경만이 아니라 소리가 채우는 환경을 인식해보려는 태도에서 시작한다. 그가 소리 풍경을 개념적으로 정교하게 확립하게 된 것 또한 이제는 시각만이 아니라 청각을 일깨울 때라는 점을 호소하기 위해서였다.

셰이퍼가 청각을 회복해야 한다고 주장한 데는 그럴 만한 이유가 있었다. 그의 주된 문제의식 중 하나는 우리의 청각 기능이 퇴화되었다는 점이다. 인간은 기본적으로 잘 듣는 능력을 가지고 있었지만, 지금은 그 정도로 들을 능력도 들을 의지도 약하다는 것이다. 셰이퍼는 이제라도 귀를 열어야 한다고 말한다. 소리 풍경을 듣는 것은 곧 세계를 인식하는 일과 다르지 않아서다. 이와 같은 맥락에서 프랑스 경제학자 자크 아탈리는 서구의 지성사가 그동안 세계를 눈으로만 관찰해왔다고 지적한다. 사실은 들어야 하는 것이었음에도.

셰이퍼의 입장을 따라가다 보면, 우리가 일상 속에서 흘려보내는 수많은 소리가 어쩌면 꽤 의미 있는 것일 수 있다는 생각에 닿는다. 실제로 그는 우리 삶을 둘러싼 소리 풍경이 단순히 배경 소리나 의미 없는 소음에 지나지 않는다는 생각에 제동을 건다. 이를테면 지금 바깥에서 구급차의 사이렌 소리가 울린다면, 그것이 실내에 있는 나와는 아무 관계없는 소리일지라도 우리는 무언가 위급한 상황이 발생했다는 사실을 인지할 수 있다. 말하자면 구급차의 사이렌 소리는 특정한 사회적 약속을 담은 문화적 소리다. 이렇듯 셰이퍼는 소리 풍경이란 것이 가치의 경중 없이 중립적으로 존재하는 배경 소리가 아니라 오히려 사회, 문화, 역사, 정치, 기술적 맥락에 따라 적극적으로 구성되는 청각적 환경이라고 말한다. 그러니 소리 풍경을 듣는 일은 유유자적 자연환경의 소리를 감상하는 태도와는 다르다. 나의 주변을 둘러싼 소리를 듣는 일은 나를 이해하는 일이자 내가 속한 사회와 공동체를, 내가 발 딛고 선 나라의 역사와 문화적 정체성을 인식하는 일이다.

소리 풍경을 듣는 일이 정체성에 관한 문제와

연결된다니. 좀 거창하지 않나. 소리 풍경의 무엇이 그토록 특별하기에. 셰이퍼는 이런 생각을 좀 더 정교하게 하기 위해 소리 풍경을 구성하는 소리들을 기조음*Keynote sound*, 신호음*Sound signal*, 표지음*Soundmark* 이렇게 셋으로 구분한다. 그는 어느 나라, 어느 지역이든, 소리 풍경은 대체로 이 세 층위로 갈라볼 수 있다고 생각했다.

기조음은 언제나 존재하지만 거의 인식되지 않는 소리다. 이를테면 우리 집의 기조음은 냉장고 작동음이다. 그것은 거의 쉬지 않고 '웅' 하는 소리를 낸다. 그렇지만 그 소리가 나고 있다는 사실을 매 순간 인식하지는 못한다. 그것을 알아채는 때는 냉장고가 자신의 존재감을 착실하게 드러내다 이제는 지친 나머지 '웅' 소리를 멈춘 순간이다. 그제야 나는 냉장고가 소리를 내고 있었음을, 냉장고와 한 공간에 있었음을 감지한다. 무의식적으로나마 들으면서 내가 거하는 곳의 정서를 감각하게 하는 소리, 그것이 곧 기조음이다.

신호음은 우리의 주의를 끄는 소리다. 그것은 우리에게 무엇인가 알리기 위해 의도적으로 설계된 소리다. 구급차의 사이렌은 대표적인 신호음 중 하나다. 신호음은 집 안에도 많다. 빨래가 다 되면 세탁기에서 나는 슈베르트의《송어*Die Forelle*》(1819) 선율이나, 배달 음식이 도착했을 때 현관에서 울리는 '딩동' 벨 소리, 내일 오전 10시부터 엘리베이터를 점검한다는 관리실의 안내 방송의 전후 알림음 또한 신호음의 일부다. 이런 소리들에는 특징이 있다. 내게 어떤 행동인가를 요구하는 소리라는 것. 구급차 사이렌 소리는 운전자에게 길을 터 달라는 소리다. 세탁기의《송어》선율은 빨래를 건조대 위로 옮겨 나르라는 소리, 현관의 '딩동' 벨 소리는 문을 열어 배달 음식을 받으라는 소리, 안내 방송 알림음은 중요한 안내가 있으니 주목해달라는 소리다. 이런 소리는 우리에게 일정한 행동이나 반응을 요구한다. 그런 점에서 신호음은 그 장소 또는 지역의 사회적 약속을 반영한다.

표지음은 랜드마크의 소리 버전이다. 예컨대 우리는 서울을 생각할 때 남산타워를, 프랑스 파리를 생각할 때 에펠탑을 떠올린다. 표지음은 이에 상응할 만한 소리다. 서울 지하철의 환승음으로 울리는 〈풍년〉은 일종의 표지음이라고 할 만하다. 경기민요 〈풍년가〉를 가야금, 건반, 드럼, 베이스 구성으로 재창작한 이 음악은 서울의 주요 교통수단인 지하철 안에서 수시로 듣는 소리다. 서울을 방문한 적 있는 해외 여행객이라면 이 소리로 서울을 기억할지 모른다. 일본의 여러 도시들을 여행해본 내게 일본의 표지음은 신호등 안내음이다. 나에게 익숙한 일본 신호등의 초록불 안내음은 두 종류다. 장3도 '뻐꾹' 소리와 새가 '끼룩'대는 것 같은 소리. 이 소리는 일본 도시의 어느 유명한 랜드마크나 곳곳에서 들리는 일본어 말소리보다도 내가 일본에 왔음을 인식하게 하는 소리다. 셰이퍼는 이런 표지음이 지역 공동체의 정체성과 기억을 구성하는 소리라고 생각했다.

그렇지만 한 장소라도 기조음과 신호음, 표지음은 시기에 따라, 또 그것을 듣는 것이 누구냐에 따라 달라진다. 엄마가 들었다던 다듬이질 소리를 다시 생각해본다. 짐작건대 엄마가 어렸을 적 그 소리는 기조음이었을 것이다. 외할머니만이 아니라 그 시절 동네 아주머니들에게서 줄곧 들을 수 있었을 소리, 그래서 딱히 귀 기울여 듣거나 흥미를 끌지 않았을 소리. 그렇지만 그것은 엄마에게 신호음이기도 했을 것이다. (엄마의) 엄마가 일하고 있으니 방해 말고 혼자 놀아야 한다는 것을 인식하게 하는 소리, 그러다가 방 안에서 스르르 잠들게 하는 소리. 이제 그 소리는 엄마의 어릴 적 고향의 소리 풍경을 기억해내게 하는 표지음이 된 것 같다. 박물관 유리 벽 안에 전시된 다듬잇돌을 보자마자 엄마 뇌리에는 외할머니 다듬이질 소리가 떠올랐을 것이고, 그 소리는 순식간에 엄마 몸을 어린 시절 고향집 방 안으로 옮겨놓았을 것이다. 그 소리를 듣지 못한 게 벌써 수십 년은 되었을 텐데. 엄마 몸에 각인된 삶의 한 시절 소리 풍경은 이제는 역사가 되어 전시실에 안치된 물건을 보는 순간에도 빠르게 되살아났다.

나의 소리 풍경을 둘러본다. 다듬이질 소리는 없다. 자동차, 휴대폰, 컴퓨터, 에어컨, 세탁기, 밥솥, 내비게이션,

제습기, 청소기 같은 온갖 기계들이 웅웅대는 기계 작동음이 기조음으로 깔린다. 또 그 기계는 수시로 자신들이 얼마나 열심히 일하고 있는가를 알려준다. 빨래를 하고, 밥을 짓고, 청소를 하고, 잠을 깨운다. 내가 해야 할 행동을 결정하는 신호음이다. 그 소리는 직접적으로 '말'하지 않지만 그 소리가 내게 무엇을 지시하는지 나는 안다. 나를 둘러싼 소리 풍경을 (무)의식적으로 듣는 일이 그럴 능력을 키워주었을 것이다. 내 소리 풍경의 표지음은…… 글쎄, 서울의 랜드마크 남산타워를 떠올리듯 쉬이 생각해내기 어렵다. 지하철 환승음이 그럴듯한 후보이긴 하나, 표지음을 듣기에는 너무 많은 소리가 동시에 울려서일까. 어쩌면 기조음이라 할 기계들의 합창이야말로 지금 시대의 표지음인 것도 같다.

엄마와 나의 소리 풍경은 다르면서도 같고 같으면서도 다르다. 각자 들어온 소리만큼의 거리가 우리 둘 사이에 존재한다. 그 다름, 그 거리에는 경험적 비대칭이 있다. 내가 지나온 모든 시절의 소리 풍경에 엄마는 의식적으로든, 무의식적으로든 함께였다. 나는 그렇지 않다. 다듬이질 소리가 그렇듯 들어본 적 없는, 들을 수 없는 소리가 엄마 삶에 새겨져 있다.

사랑은 앎과 같다고 하지 않던가. 사랑하는 만큼 알고 싶고 앎의 크기만큼 사랑하게 된다. 셰이퍼의 말처럼 청취 행위가 무의식적일 때조차 나와 세계를 인식하는 일에

작용한다면 소리 풍경을 듣고 알아차리는 것은 그 자체로
사랑과 다르지 않다.

　　엄마의 사랑이 보내오는 크기를 헤아리기 어려운 까닭은
나의 소리 풍경들을 엄마가 함께 경험했기 때문이기도
하겠다. 하지만 내게는 젊던 엄마의 소리가 없어서. 그 소리는
점점 사라지고 있어서. 서로의 소리 풍경에 대한 앎의 밀도가
한쪽으로 기울어 있어서. 엄마가 나의 엄마인 한, 그의 사랑의
크기를 끝내 가늠하기 어려운 것은 이 때문이기도 하겠다.

지하철 교향곡

한 외국인이 서울 지하철의 진입 음악에 반응하는 모습을
영상으로 본 적이 있다. 여행객으로 보이는 남자는
서울 지하철을 처음 타보는 듯했다. 역사 안의 쾌적한 환경에
대한 기분 좋은 인상과 여행 온 자의 들뜬 설렘이 영상
바깥까지 전해졌다. 승강장에 서 있자 얼마 안 가 지하철 진입
음악이 흘러나온다. 여행객은 그 소리가 다소간 놀라웠던
모양이다. "한국 사람들 음악에 대한 가치관이 엄청나네."
모르긴 몰라도 이런 의미가 포함된 반응 같았다. '뚜뚜-
신호음이면 충분할 텐데 음악이라니.' 지하철에 오른
여행객은 이번엔 환승역을 알리는 음악을 듣는다. 영상
속에서는 환승역이라는 안내 방송과 더불어 환승 음악
〈얼씨구야〉가 흘러나왔다. "이건 완전한
작품이잖아. CM송이 아니라!" 맞다. 그 환승 음악은
국립국악원이 발매한 《생활 속의 우리 국악》 앨범에 담긴
김백찬의 곡이다.

내겐 그저 일상과 같은 지하철의 소리 풍경이 여행자의
경험을 통과하자 신선하게 느껴졌다. 그는 주변에서 들리는
여러 소리에 촘촘하게 반응하고 있었다. 여행객이라는
특수한 상태에서만 누릴 수 있는 생생함일까. 나중에 알고
보니 그는 작곡가였다. 어쩐지. 소리를 포착하는 감각이
남달랐다. 그는 지하철 환승역에서 다른 열차를 기다리며
듣게 된 또 다른 종류의 지하철 진입 음악에 한 번 더

반색하더니, 금세 장난기 묻은 얼굴로 표정을 바꾸면서
이렇게 말했다. "이건 좀 독창적이지 않네. 어디선가 들어본
것 같아." 영상 속에서 그가 들은 환승 음악은 부점 리듬이
특징적인 트럼펫으로 연주되는 진입음이었다. 확실히 그렇다.
트럼펫 소리와 부점 리듬 덕분에 꽤 들을 만했지만 그 선율은
'도레미파솔라시도'가 다다. 그래도 여전히 '뚜뚜-' 같은
신호음보다 들을 만하다는 사실에는 변함이 없다.

　　생각해보면 그의 말처럼 지하철 진입음은 '뚜뚜'
신호음이기만 해도 아무런 문제가 없다. 명확한 목적을
가진 소리이기 때문이다. 승객들에게 지하철이 승강장으로
진입하고 있으니 뒤로 한 발 물러나 안전에 주의를
기울이라고 알리는 것이므로 오히려 건조한 신호음일 때
그 목적에 알맞은 기능을 효과적으로 수행하는지도 모른다.
지하철 진입음이 지나치게 좋으면 열차 출입문이 닫히는 줄도
모르고 넋 놓고 소리를 감상하다 열차를 놓쳐버리고 말 것
아닌가.

　　실제로 그렇다. 과거 서울 지하철 역사 안의 소리들은
이른바 안전장치에 가까웠다. 여러 가지 신호음, 이를테면
지하철 진입음이나 환승음 같은 것 들이 처음부터 이렇듯
음악 소리인 것은 아니었다. 한 기사에 따르면, 과거
경보음으로 울렸던 서울 지하철의 열차 진입음이 지금과
같이 명랑한 선율로 바뀌기 시작한 것은 지하철 승강장에

스크린도어가 설치되면서부터다. 스크린도어가 설치되기 전, 열차 진입음은 무시무시한 경고에 가까웠다. 열차를 기다리던 승객이 철로로 추락하는 사고가 실제로 발생하기도 했던 만큼 사나운 소리로 경고하는 당시의 열차 진입음은 스크린도어와 다름이 없었다.

이후 스크린도어라는 물리적인 안전장치가 확보되자 열차 진입음은 승객들에게 더 이상 거친 경고를 보낼 이유가 없어졌다. 그 무렵, 너무 커다란 지하철 진입음이 피로하다는 민원이 제기되기 시작했고 서울메트로(현재의 서울교통공사)는 진입음을 지금의 것으로 바꾸었다. 이제는 서울 지하철 역사에서 실로폰과 트럼펫 소리로 울리는 두 가지 유형의 지하철 진입음을 들을 수 있다. 상행선에는 실로폰 소리가, 하행선에는 트럼펫 소리가 울린다. 열차가 들어오고 있음만이 아니라 그것의 운행 방향도 지시하고, 나아가 듣기에도 좋은 소리로 울릴 여유를 가지게 되었다.

※

지하철 역사의 소리 풍경에 관심을 기울인 경우는 우리나라 바깥에서도 여럿 발견된다. 여기에 일본이 포함된다. 일본에서는 열차가 출발할 때 울리는 발차 멜로디가 특히 잘 알려져 있다. 서울 지하철과 다르게 일본에서는 역마다—

어떤 경우는 하나의 역이라도 승차 플랫폼마다—다른 발차 음악이 흘러나온다. 원래 있던 음악을 발차 멜로디로 적용하기도 하지만 이를 위해 새로 작곡하는 경우도 있다.

발차 멜로디로 유명한 곳 중 하나가 일본 도쿄의 다카다노바바역이다. 이곳에서는 우리나라에서 '우주소년 아톰'으로 알려진 애니메이션 〈철완 아톰〉의 주제곡이 발차 멜로디로 울린다. 그렇게 된 배경은 감동적이다. 〈철완 아톰〉의 작가 데즈카 오사무의 애니메이션 제작사 데즈카 프로덕션이 위치해 있던 곳이 다카다노바바였다. 〈철완 아톰〉이 오랜 시간 일본 시민들에게 커다란 인기를 끌었던 만큼, 지역 주민들은 다카다노바바가 아톰의 고장이라는 사실을 소중히 여겼다. 지역 사람들은 만화에 설정된 아톰의 생일 2003년 4월 7일이 가까워지자 이를 기념해 〈철완 아톰〉의 주제곡을 활용한 발차 멜로디를 제작했다. 주민들은 마음을 모아 직접 제작비를 마련하고, 이를 발차 멜로디로 적용하기 위해 지하철 회사 JR동일본과 의견을 조율하는 일도 망설이지 않았다. 처음엔 아톰의 발차 멜로디를 한 달만 사용하기로 했지만, 이를 계속해서 들려달라는 이용객의 요청에 따라 지금까지도 다카다노바바역에서는 〈철완 아톰〉의 주제곡이 흘러나온다.

비슷한 시도를 지구 반대편에서도 하고 있다.
미국의 음악가 제임스 머피는 지하철 교통카드 태그음을
바꾸고 싶어했다. 뉴욕에서 활동하는 그는 지하철
예찬론자라고 해도 부족하지 않을 만큼 지하철을 즐긴다.
한 인터뷰에서 제임스 머피는 이렇게 이야기한 적도 있었다.
"전 지하철을 정말 사랑해요. 깨끗할 때도 물론 좋지만,
지하철 안에 그래피티가 있어도 그 나름대로 좋아요."
그렇지만 개찰구에서 쉼 없이 빽빽대는 가혹한 소리는 내내
아쉬웠던 것 같다. 그러다 일본 여행 중 지하철역에서 나는
사랑스럽고 부드러운 소리를 듣다 이런 생각에 빠진 것이다.
'뉴욕 지하철역도 이렇듯 귀를 즐겁게 하는 소리를 낼 수
있다면 어떨까.'

　　이런 상상을 현실로 옮긴 것이 〈지하철 교향곡Subway
Symphony〉 프로젝트다. 이 실험의 물음은 이런 것이다.
지하철 역사가 교향곡이 될 수 있을까? 연주자는 지하철
이용객. 이들은 지하철을 이용하는 행위만으로 음악을
만든다. 어떻게? 개찰구를 악기처럼 만들면 된다.
신경질적으로 빽빽거리는 대신, 부드럽고 둥글고 몽실몽실한
소리를 내는 악기로. 다행스럽게도 개찰구라는 악기를
연주하는 데는 전문적 훈련이나 기술 연마가 요구되지
않는다. 필요한 것이 있다면 교통카드를 태그할 때 나는
소리와 옆 칸을 지나는 다른 탑승객의 소리를 흥미롭게

들어볼 마음가짐 정도?

악기의 연주(기계의 작동) 원리는 간단하다. 어떤 조합으로 울려도 조화로운 몇 가지 음들을 미리 골라두고, 이 음들이 확률 알고리즘에 따라 한 음씩 울리도록 설계된 기계를 만든다. 이 기계가 삽입된 개찰구가 곧 악기가 되는 것이다. 사람들이 교통카드를 태그할 때마다 개찰구는 하나의 음을 소리 내게 된다. 이용객의 수와 움직임과 속도, 그리고 개찰구의 확률 알고리즘에 따라 시시각각 달라지는 교향곡이 연주된다. 살랑살랑. 상상만 해도 벌써 기분이 좋아진다.

머피의 생각은 점차 발전된다. '만일 역마다 다른 악기가 설치되면 어떨까? 그러니까, 각 역의 개찰구들이 다른 소리를 낸다면? 역마다 연주되는 음악이 다르면 사람들은 더 다양한 감정을 느낄 수 있지 않을까?' 좀 더 구체적으로 그는 이렇게 생각했다. 지하철역에 그 지역을 떠오르게 할 만한 소리가 나는 개찰구 악기를 만들어보겠다고. 이것은 그의 또 다른 여행지, 스페인에서 떠올린 것이었다. 그가 바르셀로나 공항에서 우연히 들은 짧은 선율은 어렸을 적 자주 듣던 노래의 도입부와 같았다. 그 선율을 듣는 즉시 어린 시절의 향수가 순식간에 그의 몸을 휘감았다. 그런 경험을 뉴욕 시민들과 같이 누려보고 싶다고, 그는 이 프로젝트의 취지를 설명했다.

그의 〈지하철 교향곡〉을 머레이 셰이퍼 식으로 말하자면 표지음에 가깝다. 머피의 생각처럼 지하철역마다 다른 음악이 연주된다면, 그리고 그 음악이 지역에서의 시간을 소리로 기억하게 한다면, 게다가 그 소리가 우리들의 움직임에 따라 시시각각 달라져서 늘 새롭다면, 그럼에도 불구하고 여전히 그 지역의 정체성을 충실히 반영하는 것이라면, 그것은 표지음이 특정 장소를 상기시키는 소리라는 셰이퍼의 개념마저 넘어서는 것처럼 보인다. 머피에게서 표지음은 그 장소에 덩그러니 놓인 것, 그래서 그저 내게 들리는 것이 아니라, 거기 발 딛고 선 사람들 사이 찰나적 얽힘으로 일어나는 느슨한 상호작용까지 아우르게 된다.

　　서울대 정치외교학부 김영민 교수는 "지금과 달리 행동하는 게 합리적으로 느"끼는 사람들이 많아질 때 "새로운 미래가 출현"할 거라고 말했다.[1] 서울 지하철역에서 고작 '뚜뚜' 소리를 듣는 것에 만족할 수 없다고 생각하는 사람들이 많아질 때 지하철 역사의 소리 풍경은 마침내 달라진다. 여행객이 "한국 사람들 음악에 대한 가치관이 엄청나네"라고 말했을 때 그것은 지하철역에서 음악이 흐르는 것 이상을 뜻한다고 생각한다. 지루하고 뻔한 일상에서도 틈틈이 즐거움을 찾겠다는 마음, 기능 중심의 장소에서도 쓸모없는 아름다움을 추구하겠다는 태도 같은 것을 그는 말하고 싶었던 게 아닐까. 음악에 대한 우리의

"엄청난 가치관"이 건실하게 발휘되어 우리나라 여러 지역의
표지음이 교향곡처럼 울려 퍼지는 날을 상상해본다.

1 　김영민, 『한국이란 무엇인가』, 어크로스, 2025, 248쪽.

깨끗한 듣기

20세기 바우하우스는 순수 예술의 자리를 지키던 미술을 산업으로 재탄생시켰다. 회화와 산업 공예를 결합해 산업 디자인이라는 실용적 분야를 개척한 것이다. 바우하우스가 보이는 일상을 미적으로 재구성한 것처럼, 들리는 삶 또한 아름답게 조율하려는 시도가 필요하다는 것이 머레이 셰이퍼의 생각이었다. 그는 그것이 음악과 과학의 결합으로 나타나기를, 그 결과가 음향 생태학*Acoustic ecology*이나 음향 디자인*Acoustic design* 같은 형태이기를 기대했다.

그의 생각을 따라가다 보면 음향 디자인이 특별히 전문적이거나 특수한 일이 아니라는 점을 깨닫게 된다. 음향 디자인을 위한 1단계는 잘 듣는 것이다. 그러나 잘 듣기에 선행되어야 하는 것이 있다. 음향 디자인을 위한 0단계, 귀를 깨끗이 하는 것*Ear cleaning*이다. 귀를 깨끗이 한다는 것은 마치 배관에 끼인 때를 씻어내어 관의 흐름을 맑게 하는 것과 같다. 귀를 통해 들어오는 소리, 다른 사람의 귀를 향해 분출하는 나의 소리를 닦아보는 것, 그래서 잘 들리지 않던 소리 풍경을 귀로 포획할 여건을 마련하는 것. 셰이퍼는 귀를 깨끗이 하기 위해 제일 먼저 실천해봐야 하는 것으로 '침묵'을 든다. 잘 듣기 위한 준비로써 하루 동안 아무 말도 하지 않는 침묵의 상태에 머물러보라고 권한다.

음향 디자인을 위한 2단계는 관심이다. 어떠한 소리들이 언제, 어디에, 어떤 식으로, 왜 있는지, 혹은 있어야 하는지를 고민해보는 것. 이 같은 태도는 작곡가가 음악을 만들 때의 접근과 닮았다. 실제로 셰이퍼는 소리 연구자이기 이전에 작곡가이고, 음향 디자인은 이 세계를 하나의 음악 작품으로 인식하는 데서 출발한다고 믿는다.

사운드스케이프 디자인이 무엇인지 이해하기 위해서는
세계의 사운드스케이프를 우리들 주위에서만이 아니라
도처에서 전개되어 가는 거대한 음악작품이라고
보는 것이 가장 좋은 방법이다. 우리들은 그 음악의 청중이면서
연주자이고, 또 작곡가이기도 하다. 어떤 소리를 보존하고,
어떤 소리를 장려하고, 어떤 소리를 증식시키고 싶은 것인가?
이것을 알 수 있다면, 지루한 소리나 파괴적인 소리도
분명해지고, 그것들을 배제하지 않으면 안 되는 이유도
알게 될 것이다.[1]

그러면서 제안하는 것이 바로 들으며 걷기다. 그러니까 그것은 산책인데, 마냥 걷는 것이 아니라 소리 풍경을 들으며 거니는 일이다. 셰이퍼는 구체적으로 듣기 산책_Listening walk_과 소리 산책_Soundwalk_을 구별한다. 듣기 산책은 말 그대로 쉬이 짐작할 수 있는 방식이다. 걷는 길에 들리는 크고 작은 소리, 여러 겹으로 중첩된 소리에 귀를 열고 여유롭게 듣는 산책이다. 조금 더 체계화된 산책에 가까운 것이

소리 산책이다. 소리에 관한 지표들을 기록하고 탐구하는
여정이어서다. 소리 산책에서 산책자들은 들리는 소리들의
높낮이*Pitch*를 비교해 보거나 더 오래, 혹은 더 짧게 지속되는
소리, 서로 다른 소리가 결합하여 규칙적으로 내는 소리 같은
것을 기록하거나, 특정 공간의 고유 진동수를 측정해 그곳의
음향 정체성을 가늠해보기도 한다. 듣기 산책이 소리 풍경을
향해 청각을 곤두세우는 것이라면, 소리 산책은 그렇게
청각을 긴장시켜 듣게 된 소리들을 촘촘하게 측정하고
계량해 분석하는 일까지 포함한다.

소리 산책은 얼마간 전문적으로 훈련된 가이드의 도움이
필요하지만, 듣기 산책은 지금이라도 바로 시도해볼 수 있다.

드문드문 기록해두었던 듣기 산책 일기를 펼쳐본다.
일상의 틈에서, 혹은 멀리 떠난 여행길에서 나선 듣기 산책은
그동안 들리지 않던 소리를 듣게 할 뿐만 아니라 보이지 않던
것을 보이게, 맡아지지 않던 냄새를 맡게도 하고, 존재하는
줄 몰랐던 것의 존재를 일깨우거나 낯선 세계를 궁금하게,
나아가서는 사랑하게도 만든다.

아이슬란드 빙하

2025.01.21.

레이캬비크 공항에 도착한 건 오전 8시 30분경. 밤 11시
인천을 떠나 헬싱키를 거쳐 약 20시간여 만에 아이슬란드
땅에 발을 디뎠다. 숙소까지는 또다시 두 시간가량 차로
달려야 했다. 그 길에 태어나 처음 만나는 광경을 수시로
마주했다. 눈으로 뒤덮인 바위산과 화산 폭발 잔해가 물들인
시꺼먼 대지, 꽁꽁 언 호수와 끝을 알 수 없이 펼쳐진 황량한
들판, 그 위에 선 한두 그루의 앙상한 나무들을.

한참을 달리다 한 빙하 앞에 차를 세웠다. 비교적
안전해서 우리 같은 관광객이 안내자 없이도 둘러볼 수 있는
곳이었다. 빙하에 당도하기까지는 차에서 내려 10분 남짓
걸어야 했다.

손톱만 한 자갈로 무성한 땅은 두툼한 장화가 한
발 한 발 닿았다 떨어질 때마다 거칠게 저벅대는 소리를
낸다. 한참을 말없이 걷다 날아가는 새 한 마리에 시선을
빼앗겨 걸음을 잠시 멈춘다. 거친 자갈 소리가 소거되자
서늘한 적막이 바람처럼 기습한다. 고요를 인식하자마자
졸졸졸 물 흐르는 소리가 들려온다. 돌길 옆에 가늘게
난 물길에서다. 시내라고 부르기도 부족해 보이는 좁고
가느다란 물길이었지만, 크고 작은 돌에 부딪히는 물줄기

소리가 경쾌하다. 그 소리에 가만히 귀 기울이자 곧 귓가를 만지는 바람 소리, 커다란 바위에 올라 끼룩 우는 새소리가 사뿐 고막을 감싼다. 고요 속에 서니 그 어떤 작은 소리도 깨끗하고 선명하게 울린다.

교정 둘레길 1
2025.04.08.

새 강의실이 은은하게 익숙해지는 무렵 4월. 출근길이 포근하다. 마침내 찾아온 값진 봄. 오전 강의 후 점심을 먹고서 강의동 뒤편에 난 나무 데크 계단을 오른다.

그리 높지 않은 오르막의 마지막 계단에 올라 주변을 빙 둘러본다. 키 큰 나무들 사이로 경사가 완만한 둘레길이 이어진다. 곧게 뻗은 나무 지붕이 햇볕의 기세를 누그러뜨리니 조금 시원한 기운도 돈다. 학생들은 보이지 않는다. 숨소리 하나 없이 고요하다. 이 좋은 둘레길을 나만 아는 것일까. 나야말로 왜 여길 이제야 와본 걸까. 그나저나 이 산책로는 얼마나 길게 이어질까.

계단에서 흙바닥으로 발을 옮긴다. 지금은 나뿐이지만 이미 수많은 발길이 오갔을 길. 여러 해 동안 나뭇가지에서

하강했을 나뭇잎 수북한 땅 사이로 걸음들이 지나 뽀얀
흙길로 나 있다. 그 길을 따라 걷는다. 이름 모를 봄꽃들이
소박하게 피었다. 흙길을 계속해서 걷다 작은 공원을 만난다.
서너 개 놓인 벤치에 할아버지 한 분 앉아 있다. 그로부터
멀찌감치 떨어진 벤치에 나도 잠깐 앉아 숨을 고른다.
가만가만 목이 타오르려는데 공원 옆으로 작은 카페가 보인다.
이토록 완벽한 산책이라니.

교정 둘레길 2

2025.04.15.

다시 일주일이 흘렀다. 강의실로 향하는 출근길. 오늘
점심시간에도 나무 데크 계단을 오를 거라고 생각한다.
지난주보다 밥도 조금 더 빨리 먹어야지 싶고.

　오전 수업을 마치고 빠르게 점심을 먹은 후 산책길에
오른다. 운동화 밑창에 잔돌이 끼었는지 딱딱한 나무 데크
계단을 한 발 한 발 오를 때마다 발 밑에서 지그럭 소리가
난다. 계단 끝까지 오르고 보니 오늘은 나보다 먼저
와 계신 아주머니 두 분이 보인다. 두런두런 이야기 나누며
걷는 그분들 걸음이 어쩐지 조심스러워 보인다 싶었는데,

맨발 차림이다. 처음 왔을 땐 미처 몰랐지만 그러고 보니
포슬포슬한 흙으로 된 둘레길 한쪽에는 촉촉한 짙은 색
황톳길이 나 있다.

아주머니들의 말소리가 점점 멀어지자 금세 키 큰 나무에
둘러싸인 흙길이다. 저벅저벅. 흙길 위를 걷는 발소리가
산뜻하다. 저 높은 나뭇가지 끝에서 들리는 새 울음소리는
숲 안을 가득 메운다. 일주일 전에도 이렇게 많은 새가
있었던가. 둘레길 오른편으로는 골목에 난 작은 도로가 있는
모양이다. 낭랑하게 울리는 새소리 위로 자동차 엔진 소리가
드문드문 들려온다.

잠잠히 소리 풍경에 귀를 열어보려는데 그것들을
한꺼번에 집어삼키는 웬 육중한 소리가 머리 위를 지나간다.
우우우웅. 고개를 젖혀 하늘 높이 올려다본다. 아득한 창공을
가로질러 비행기 한 대가 날아간다. 그렇지, 이 근처에 공항이
있다고 들었어.

그러다 휘이이. 바람이 이 길을 지나는지 나뭇가지가
휘우듬 흔들린다. 그 결에 나뭇잎은 살랑이고 나는 움직이는
나뭇잎을 따라 바람이 지나간 길을 바라본다. 문득 아무리
좋은 녹음 장비를 사용하더라도 담아내기 어려운 게 바람
소리라던 한 음향 전문가 선생님의 말씀이 떠오른다. 바람을
관찰하려면 흔들리는 나뭇잎을 보라던 어느 작가의 통찰도.
가볍게 산들거리는 나무 아래 서서 바람이 지나가는 길을

응시하며 어떤 훌륭한 스피커로도 듣기 어려운 바람 소리에
귀를 연다.

지난주 거닐었던 이 둘레길엔 나밖에 없다고 생각했는데.
사실 그럴만했다. 사람은 아무도 없었고, 그래서 정적에
가까운 고요가 몸을 감쌌다. 그렇지만 이 길을 다시 걸으면서
알게 된다. 눈으로는 잘 관찰되지 않는 얼마나 많은 존재들
사이를 지나고 있는지. 며칠 전에는 흘려보내고 만 이 길의
다른 여러 존재들을 이제야 꼼꼼하게 알아차려 본다.
자갈 소리, 새 울음, 수런대는 말소리와 자동차 엔진 소리,
비행기가 날아가는 소리와 바람이 흔드는 나뭇잎 소리들을.
고요 속에는 생각보다 무수한 소리들이, 존재들이 숨 쉬고
있다.

‖ 대만 가오슝
‖ 2026. 01. 11.

한파가 계속되던 겨울의 한가운데. 불쑥 찾아온 추위를
약올리려는 듯 나는 대만 남부로 떠났다. 타이난과 가오슝.
1월에도 기온이 25도까지 오르는 곳. 가오슝 공항에
도착하자마자 집을 나서며 챙겨 입은 외투를 벗어 던졌다.

싱그러운 하늘, 초록빛 나무, 살랑대는 바람. 몸을 감싸는
기운부터 생경한 이곳. 냄새도, 공간도, 소리도 마찬가지다.

낯선 골목을 걷는다. 아담한 건물들이 제멋대로 삐죽삐죽
솟아 있는 소박한 길. 한 층에 방 한 칸쯤의 공간이 겨우
들어설 것처럼 좁은 폭으로 세워진 빌라가 눈길을 붙잡는다.
베란다에 널린 티셔츠며 수건 나부랭이가 시원한 바람에
나부낀다. 걸음을 멈추어 낯선 사람들의 틈을 카메라에 담아
본다. 길가 인도에는 출입문 없는 개방형 식당이 나란히
줄지어 섰다. 인도는 통행로가 되었다가 식탁이 되었다가
오토바이 주차장이 되었다가 한다. 크게 붐비기도, 텅 비어
있기도 한 비좁은 길을 신중하게 걷는다.

지하철역에 들어선다. 크고 넓은 지하 공간. 대만은
인구 밀도가 높은 나라들 중 하나라던데 어쩐지 지하철
역사 안은 한산하다. 고요한 와중에 그 흔한 환풍기 작동
소음도 크지 않다. 특별할 것 없이 건조한 교통카드 태그음,
서양 교향곡의 한 대목처럼 울리는 지하철 진입음, '삐삐삐-'
무심하게 울리는 출입문 닫힘 알림음. 언젠가 대만의 지하철
사운드스케이프에 관한 흥미로운 기사를 읽은 적이 있어
이곳 지하철 역사의 소리 풍경을 기대했다. '기대만큼 남다를
건 없군' 하는 찰나 다음 역을 알리는 안내 방송이 번뜩이게
한다. 뭐라고 하는지 정확히는 알 수 없어도 그것이 같은 역
이름을 다른 억양으로 네 번 반복한다는 것만은 알 수 있다.

"같은 역 이름을 네 번이나 방송하네? 네 번 다 발음이
미세하게 다 달라. 그런데 그런 것 치고는 다 중국어처럼
들려."

"사투리인가 봐."

"앗, 정말. 그런 걸 수 있겠다. 와, 좀 멋진데."

왜인지 알려고 들 겨를도 없이 그런 생각이 들었다.
적어도 전국 각지에서 표준어가 안내 방송으로 울리는
방식보다는, 어쩐지 더 정감 있게 들린다.

그날 밤 여행을 마치고 들어선 숙소에선 대만에
관한 짧은 영상을 찾아 시청했다. 여기 사는 사람들이
궁금해져서였다. 그 영상에서 중문학자 류영하는 대만을
"포용과 절도의 나라"라고 했다. 특히 포용에 관해서는
이 땅의 복잡한 역사와 여기 거주하는 서로 다른 사람들이
어떻게 다름을 받아들이면서 살고 있는가를, 그들 삶에
새겨진 소소한 흔적들에서 찾아 소개했다.

놀랍게도 그 흔적 안에 지하철 안내 방송도 있었다.
영상 속 류영하 교수는 지하철(버스도 마찬가지라고 했다) 안에서
네 가지 다른 언어로 다음 역을 안내한다고 설명했다.
표준어, 민남어(대만식 만다린어 사투리), 객가어(객가인의
사투리)……까지만 알려주고는 서둘러 넘어가버려서 나머지
하나가 무엇인가 무지 궁금했는데, 웹에 검색해보았더니
마지막 하나는 영어라고 했다. 안내되는 내용이 '강남' 같은

고유명사다 보니 중국어인지 영어인지 구별하긴 쉽지 않았다.
아무튼 류 교수는 같은 말을 여러 언어로 들려주는 방송이
흥미롭다면서 이렇게 덧붙였다. 각각의 사투리를 매일같이
듣는 이곳 사람들의 일상은 그들이 다른 존재들과 함께 살고
있다는 것을 항상 인식하도록 한다고.

대만. 조금 알게 될수록 많은 것이 궁금해지는 곳이었다.
건물들은 오래되었는데 거리는 깨끗하다. 도로변은 교통
소음으로 소란스러운데 골목에 들어서면 곧바로 고요가
찾아든다. 사람들은 상냥하지만 지나치게 친절하지 않다.
'어제 왔는데 너무 맛있어서 또 왔어요.' 번역기를 써서 애써
전하면 희미한 미소로 '그렇군요' 하는 정도의 반응이 다다.
그래도 '잘 먹고 가요!' 하는 작별 인사에는 손을 번쩍 들어
시원스럽게 인사한다.

더 알고 싶은데 그들의 언어를 몰라 한계가 있다고
느낀다. 이럴 때 찾아 듣게 되는 게 그들의 음악이다. 그들의
말, 그들의 생각, 그들의 삶의 태도를 구체적으로 알지
못해도, 그들의 음악을 듣고 총체적으로나마 느껴본다.
나와 다른 그들의 존재를.

---

1   머레이 셰이퍼, 한명호·오양기 옮김, 『사운드스케이프: 세계의 조율』,
     그물코, 2008, 314~315쪽.

소리 내는 기계들의 궤도

지하철 안에서 자주 이어폰을 귀에 꽂게 된 건 노이즈 캔슬링 이어폰을 갖게 되면서부터였다. 일단 듣고 싶은 음악을 일반 이어폰으로 듣는 데는 한계가 있었다. 그닥 훌륭한 이어폰을 가진 게 아니었기 때문일 수 있지만, 음역과 음량, 음색의 스펙트럼이 다른 음악 장르에 비해 비할 바 없이 폭넓은 관현악 음악을 들으려면 그 작은 이어폰으로는 역부족이었다. 아주 여리게, 피아니시모로 음악이 연주될 때면 거의 아무것도 들리지 않았고 음량을 높이면 갑작스럽게 포르티시모로 전환되는 음악에 화들짝 놀라곤 했으니까.

지하철 안에서도 음악을 듣게 된 건 노이즈 캔슬링 이어폰을 갖게 되면서 크게는 이런 문제가 얼마간⋯⋯ 아니, 거의 대부분 해결되어서였다. 바깥 소음이 적절히 소거되자 내가 듣고 싶은 음악이 또렷하게도 들렸다. 아주아주 작게 너울대는 소리도, 전체 오케스트라가 다 함께 힘껏 모으는 소리도 깨끗하게. 지하철에 오르기 전 귀에 이어폰을 꽂는 일은 이제 습관이 되었다. 때로는 음악을 듣기 위해서라기보다 그저 쉬고 싶어서 이어폰을 착용하기도 한다. 고요하고 느린 음악, 싱잉볼 소리, 명상 음악, 그도 아니면 ASMR 사운드를 듣기도 한다. 그러면 몸은 좀 피곤해도 마음은 편안해진다고 느낀다. 그렇게 노이즈 캔슬링 이어폰은 사적인 듣기를 넘어 사적인 공간을 구성하기에 이르렀다.

일반 이어폰에서 노이즈 캔슬링 이어폰으로 바뀌었을 뿐이지만, 그것은 나의 일상적인 듣기 습관을 달라지게 했다. 이런 일이 노이즈 캔슬링 이어폰에서만 일어나는 것은 아니다. 소리를 재생하는 기술과 그 기술로 만들어진 여러 음향 매체들은 그때그때 사람들이 음악을 듣는 방식을 어느 방향으로 이끌었다. 그 반대일 수도 있다. 사람들이 욕망하는 듣기의 형태가 어떤 기술을, 어떤 음향 매체를 탄생시키기도 했다.

최초의 음향 재생 기계는 축음기였다. 축음기 이전에도 소리를 기록하는 기계 포노토그래프*Phonautograph*가 있었다. 하지만 이것은 종이 위에 소리의 파형을 그려낼 뿐 그 파형을 소리로 되돌리는 재생 기능은 없었다. 포노토그래프와 다르게 축음기는 순간에만 존재했다가 사라지는 소리를 붙잡아 다시 들려주는 기계였으므로 혁명적이었다. 그것은 연주자가 없는데도 음악을 들을 수 있게 했다. 기실 축음기 이전에는 연주자가 없으면 음악도 없는 것이었다. 음악을 듣기 위해서 연주자가 있는 곳으로 가야만 했다. 공연장에 가서 연주자의 음악을 듣거나, 아니면 스스로가 연주자여야 했던 것이다.

축음기는 그런 음악을 연주자 없이도 공연장이 아닌 장소에서 들을 수 있게 한 기계였다. 이제 사람들은 연주자가 있는 곳으로 가지 않아도 음악을 불러낼 수 있었다.

그뿐일까. 그것은 죽은 자의 목소리도 다시 호출하는 성스러운 기계였다. 몇 해 전 MBC에서 방영한 다큐멘터리 〈너를 만났다〉가 VR 기술로 세상을 떠난 딸을 엄마 앞으로 불러냈을 때의 그 감동과 애달픔, 기쁨과 쓰라림 같은 감정을, 그때 그 사람들도 축음기 앞에서 만났을 것이다.

축음기 이후로 소리를 재생하는 기술은 꾸준하게 발전했다. 얼마 가지 않아 소리 정보가 새겨진 원판으로 음악을 재생하는 그라모폰*Grammophon*이 등장했고, 이것은 본격적으로 음악을 사적인 공간, 집 안으로 옮겼다. 그라모폰은 곧 LP 플레이어로 이어졌다. LP는 롱 플레이*Long Play*의 줄임말. 이 이름이 붙은 것은 그 조상 격인 그라모폰이 원판 한 면에 길어야 5분 길이의 음악만을 담을 수 있던 것에 비해 LP는 짧아도 20분, 길면 50분 길이의 음악을 한 면에 담을 수 있어서였다. 사람들은 이제 공연장을 찾지 않고도 100여 명의 관현악단을 거실로 불러 모을 수 있었다. 3~5분 길이의 짧은 노래만이 아니라, 40분을 훌쩍 넘기는 교향곡도 집에서 감상하는 시대가 도래한 것이다.

라디오는 엄밀히 말해서 재생 기술이라기보다는 소리 송수신 장치지만, 이것 또한 사람들의 일상적 소리 환경을 크게 바꾼 것 중 하나다. 그것은 하나의 특정한 공간에서 발생시킨 소리를 실시간으로 멀리멀리 전파하는 일을 실현했다. 이제 소리는 그 출처에서 아득히 떨어져

있는 곳까지 닿을 수 있게 되었다. 그러자 라디오는 때로
프로파간다를 위해 일하는 기계가 되기도 했다.

그라모폰과 LP 플레이어는 카세트테이프와 플레이어로,
그리고 이것은 다시 그다음 단계로 바삐 이동했다. 그렇게
음악을 듣는 문화의 지형을 또 한 번 바꾸어 놓은 건 '소니'가
선보인 워크맨이었다. 커다란 원반 LP가 손바닥만 한 크기의
카세트테이프로 작아지더니, 급기야 그 카세트테이프만 한
플레이어가 세상에 나온 것이다. 손안에 들어오는 플레이어라.
이제 사람들은 음악을 손에 쥐고 다니면서 듣기 시작한다.
움직이는 소리의 시대가 바로 이 워크맨과 함께 시작했다.

그 후 워크맨은 CD 플레이어로, MP3로 바뀌어갔다.
그리고 이제 우리는 LP, 카세트테이프, CD같이 음원을 기록한
매체 없이 음악을 듣는다. 이른바 디지털 기반의 스트리밍
재생 시대. CD는 멜론, 애플뮤직, 스포티파이가, 플레이어는
스마트폰이 되었다. 기록 매체는 물성을 잃었고 재생 매체는
우리 신체의 일부가 되었다. 노이즈 캔슬링 이어폰은 손안에
들어와 들고 다니며 들을 수 있는 음악으로 그때그때 우리가
원하는 가상의 소리 공간을 구성해준다. 아무리 고요한
도서관에 있어도, 아무리 소란스러운 도심 한복판에 있어도
이 소리 기술 매체들은 우리의 공간을 우리 스스로, 우리가
원하는 대로 구현하도록 돕는다.

이제는 더 이상 음악을 듣기 위해 연주자가 있는 곳으로

가지 않아도 된다. 음악을 한곳에서만 가만히 앉아 듣는다는 인식도 희미해졌다. 손가락 하나 까딱하면 어떤 대규모 악단이라도 방 안을 흐르고 우리 귀에 들어온다. 녹음 및 음질 가공 기술도 말할 수 없이 좋아졌다. 하이파이*Hi-Fi, high fidelity* 기술이 상용화된 것은 벌써 오래전 일이고 애플뮤직은 몇 해 전 최고 수준의 오디오 음질을 자랑하는 무손실 오디오 기술을 선보였다.

소리 매체 기술이 좋아지면서 혁신적인 새 매체가 등장할수록 과거에 있던 기계들은 하나하나 우리 일상에서 사라져갔다. 포노토그래프나 축음기를 거실에서 본 기억은 없다. 박물관 유리 벽 안으로 자리를 옮긴 이 옛 기계들은 소리 매체 기술이 어떤 궤적을 그려왔는가를 짐작하게 하는 '사료'로, 스스로의 존재 이유를 달리한 지 오래다. 새로운 기술이 발명되면 오래된 기술은 사라지는 것. 이것이 이상한 일은 아니다. 이상한 것이라면, 외려 새로운 기술이 나타났음에도 여전히 힘을 발휘하는 옛것이다.

그게 바로 공연장 아니던가. 더 이상 공연장으로 몸을 옮기지 않아도 음악을 들을 수 있는 시대가 된 것이 100여 년을 훌쩍 넘겼음에도 약 400여 년 전 생겨난 음악의 혁신적인 매체, 공공 음악회장은 아직도 남아 있다. 믿을 수 없이 편리한 소리 기술 매체가 일상화된 지금도 왜 공연장이란 매체는 박물관으로 이동하지 않고 우리 몸을 붙드는 걸까. 그 전에, 축음기나 LP 플레이어가 그랬듯 공연장의 발명이 바꾼 것은 무엇이었을까.

예술의전당이나 세종문화회관처럼, 우리가 아는 의미에서의 공연장이라고 할 만한 것이 처음으로 나타난 것은 정확히 1637년 이탈리아 베네치아에서다. 산 카시아노 극장Teatro San Cassiano이 바로 그곳. 그렇다면 산 카시아노 극장이 설립되기 전까지 사람들은 음악을 어디에서 들었을까. 집에서? 길거리에서? 혹 음악이 없었던 것은 아닐까?

그렇지 않다. 공연장이 생기기 전 음악 활동이 일어나는 곳은 대체로 교회나 궁정이었다. 교회에서는 전문적으로 훈련받은 성가대가 노래를 불렀고, 궁정에서는 귀족들의 여흥을 위해 음악이 연주되곤 했다. 음악이 연주되는 곳, 음악을 들을 수 있는 곳이 이렇게 한정적이다 보니 귀족이 아닌 사람들이 음악을 듣는 일은 다소 희귀하고도 특별한 경험이었다. 이런 상황이 중세 시대부터 르네상스 시대까지 약 1,200여 년 동안의 일이다. 그러니 17세기에 공공 음악회장이 생겼다는 것은, 귀족이 아닌 사람도 누구나 입장해서 음악을 들을 수 있는 환경이 조성되었다는 것과 같은 의미였다.

공연장이라는 이 새로운 음악의 매체와 함께 기존의 음악 문화 패러다임은 획기적인 전환을 맞이했다. 공공 음악회장은 귀족처럼 특정한 계층의 사람들이 아니라, '공공'을 위한 곳이었다. 귀족이 아니더라도 돈을 내고 입장권을 구입할 수만 있다면 누구라도 음악을 들을 수 있게 된 것이다. 공연장은 청중을 대중으로 바꾸었을 뿐만 아니라 귀족의 후원으로 이루어지던 음악 문화를 대중들에게 표를 팔아 음악을 만들게 되는 상업 문화로 이동시켰다.

결정적으로, 이 시기에 생겨난 공연장은 음악 자체도 바꾸어놓았다. 음악을 듣는 청중이 달라졌으므로 그것은 어쩌면 자연스러운 일이었다. 다른 청중의 다른 취향만이 문제가 아니라, 음악(회) 제작비의 출처가 어디냐의 문제 또한 음악의 형태를 달라지게 할 만큼 작지 않은 것이었다. 실제로 공연장이 처음 생겨났던 시기에 이탈리아에서 활동했던 음악가 클라우디오 몬테베르디의 오페라는 그것이 궁정에서 연주되느냐, 아니면 공연장에서 연주되느냐에 따라 장르를 달리 구분해야 할 만큼 차이가 컸다. 가령 귀족의 후원으로 만든 오페라는 예산이 풍부했으므로 악단의 규모도 크고 무대 장치, 의상, 출연진 등의 규모가 장대한 반면, 표를 판 수익금으로 제작해야 하는 오페라의 규모는 소박한 수준이었다. 그뿐만 아니라 오페라의 소재 또한 누구를 위한 오페라인가에 따라 달라질 수밖에 없었다. 귀족을 위한 오페라에서는 오르페우스와 에우리디체의 순수하고 고결한 사랑 이야기를 다루었다면, 대중을 위한 오페라에서는 네로 왕자와 포페아의 부정한 사랑을 주제로 삼아 사람들의 흥미를 자극했다.

재치 있는 음악학자 리처드 타루스킨은 그의 방대한 음악사 저작 중 몬테베르디의 오페라를 다루는 장의 제목을 '몬테베르디부터 몬테베르디까지*Monteverdi to Monteverdi*'라고 붙였다. 한 음악가의 오페라여도 그것이 궁정 오페라냐, 상업 오페라냐에 따라, 다시 말해 어느 장소(매체)에서 연주되느냐에 따라 완벽하게 구별된 장르라고 할 만큼 다른 음악으로 완성되었다는 것이다.

축음기나 워크맨, 스트리밍 재생 기술 이전에 공연장의 발명은 이들만큼이나 놀라운 듣기 문화의 전환을 가져왔다. 이 소리 기술 매체들과 공연장에 차이가 있다면, 새 기술이 소개될 때마다 역사의 뒤안길로 자취를 감춘 기계들과 다르게 공연장만큼은 지금까지도 음악을 듣는 장소와 방법으로서 유효하게 남아 있다는 점일 것이다.

공연장에서 음악을 듣는 일은 기술 매체 시대의 사적인 듣기와 무엇이 그토록 다른가 생각해본다. 사적인 듣기부터 걸린다. 공연장에서의 듣기는 오히려 집단적 듣기에 가깝다. 그것은 우리가 원하는 음악을 스스로 골라 재생하거나 알고리즘이 취향을 반영해 추천해주는 음악을 듣는 것이 아니라, 연주자와 관객 사이에 미리 약속한 음악을 같은 시간 같은 장소에 모인 낯선 사람들과 다 함께 듣는 음악 감상 방식이다. 그날 거기서 펼쳐지는 음악은 다시 들을 수 없을 연주이고, 그 시간 그곳에 존재했다가 흔적도 없이 사라질 소리들이다. 공연장에 가는 날의 모든 부유하는 공기들은 음악을 듣는 일에 고요하되 깊숙하게 관여한다.

바로 이런 점 때문에 공연장에서 음악을 듣는 일에 관해 이야기하면서 '현장성Liveness'을 빠뜨릴 수는 없다. 눈앞에서 연주하는 무대 위 음악가의 존재를, 객석에 앉은 관객은 시시각각 감각한다. 음악의 템포가 빨라지고 연주자의 몸이 바빠지면 나의 호흡도 함께 빨라진다. 음이 점점 올라가고 음량이 조금씩 커지면 몸속 어딘가에 자리 잡고 있을 소박한 근육들이 서서히 수축되면서 몸을 긴장시킨다. 마침내 장대한 환희로 음악이 마치면 이어 들려오는 수많은 관객들의 우레 같은 박수 소리에 앞서 받은 감격을 되새긴다. 연주자의 벅찬 얼굴이 내 표정에 거울처럼 반사된다. 더 커다란 무대, 더 광대한 장비, 더 방대한 사람들이 채울 대중 가수의 콘서트장은 공연장의 현장성이 클래식 음악 무대와는 또 다른 차원의 전율을 일으킬 것이다.

하지만 공연장의 현장성에는 결함이 따를 수밖에 없다. 이 또한 공연장이 다른 소리 기술 매체와는 현저하게 다른 점이다. 그 결함은 공연장에서 음악을 들을 때 벌어질 수 있는 수많은 우연성에서 나온다. 그 우연성이 결함인 이유는 그것이 완벽에 가까운 음원에서는 정교하게 제거해낸 소리이거나 경험이어서다.

예컨대 무대에 오른 연주자가 진짜 연주를 시작하기 전에 악기를 조율하는 소리나, 연주 중에 느닷없이 울리는 옆자리 사람의 핸드폰 벨소리는 치밀하게 녹음된 음원에서는 듣지 않아도 될 음악 외적 소리다. 그뿐일까. 음악회에서 듣는 음악은 대단히 생생한 소리로 믿을 수 없는 황홀경에 빠지게도 하지만 그만큼 실망스러운 경험을 안겨주기도 한다. 우연성의 결함은 음악을 듣는 것에 도저히 집중하기 어렵게 만들기도 한다. 옆 사람이 코를 골고 잠을 자서, 배가 너무 고프거나 아파서, 의사와 상관없이 삐져나오는 재채기를 참을 수 없어서 같은 예상 못한 상황들이 있기 마련이다. 공연장에서의 연주는 '지금, 여기'가 바탕이 되므로 가늠하기 어려운 불쾌한 상황이 음악을 듣는 데 아무 작용하지 않을 리 없다.

그럼에도 우리가 여전히 공연장에 가는 것은 그 결함이 부족함이기만 한 것은 아니어서다. 그것은 예측하지 못할 무슨 일인가가 벌어질 공연장이라는 장소 본연의 아름다움이기도 하다. 상황에 따라 미리 약속되지 않은 음악이 연주되거나, 연주자의 컨디션에 따라 음악의 템포가 달라질 수도 있고, 운 좋으면 좋아하는 음악을 앙코르로 들을 수도 있다.

그런 아름다움 중 하나가 내게도 있다. 스트리밍 음원으로는 결코 들을 수 없는 침묵을 듣는 순간이다.

침묵을 듣는다는 것이 역설적이기는 하나, 그 말도 안 되는 일을 객석에서만큼은 체험할 수 있다는 사실이 공연장에서 음악 듣는 일을 귀하게 만든다. 침묵을 들을 수 있는 시간은 짧다. 음악이 시작되기 직전, 그리고 음악이 끝마친 직후. 둘 다 박수와 음악, 음악과 박수 사이에 길지 않게 주어지는 여백이다. 하지만 그 시간이 비어 있기만 한 것은 아니다. 그 침묵은 연주자와 관객의 모든 긴장 에너지가 단단하게 뭉쳐져서 파열되기 직전의 힘을 품고 있는 숨 막히는 떨림의 순간이기도 하다. 음악을 마친 후 침묵 끝에 연주자는 '후' 숨을 몰아 내쉬고 몸의 긴장을 스르르 풀어낸다. 그러면 굳게 응축되어 공연장 안에 표류하던 긴장의 에너지가 마침내 객석의 공기 중으로 빠르게 분출되며 뜨거운 박수와 함성이 터져 나온다. 음악을 듣는 시간만큼 잊기 힘든 순간이, 공연장에 존재한다.

지금 우리에겐 더 편리한 기술, 더 정교한 소리, 더 다양한 음악이 있다. 역설적이다. 이 모든 차원에서 최첨단 기술을 결코 넘어설 수 없을 공연장이 박물관으로 들어가지 않은 것은. 그 역설이 말하는 소리를 듣는다. 예고 없이 찾아오는 결함, 혹은 여백의 아름다움은 아무리 매끄러운 기술이라도 대신할 수 없다고. 여전히 우리가 공연장으로 발길을 옮기는 이유다.

사운드 디자인드 바이

바람 쐬고 싶은 주말이면 인천공항에 가곤 한다. 1시간가량
운전하면 다다르는 곳. 주말 나들이로 그리 먼 거리도
아니고 드라이브로도 부족함이 없다. 아직 두툼한 외투가
필요한 겨울이지만 비교적 따뜻한 주말이었다. 오래간만에
차를 공항으로 몰았다. 맛은 그저 그런, 그렇지만 공항
기분 물씬 풍기는 김치찌개 한 그릇을 이른 저녁밥 삼았다.
공항에서 시간을 보내다 집으로 향하는 길에 들를 수 있는
근방 카페를 검색했다. 지도 위에 카페 몇 곳이 나타났다.
그중 주차도 되고 건축과 인테리어도 꽤 근사한, 결정적으로
커피와 디저트가 훌륭하다는 곳 하나를 골랐다.

　　서울 외곽에서 쉬이 찾을 수 있는 커다란 규모의 여느
카페처럼 그곳은 주차장에서부터 웅장한 자태를 뽐내었다.
회색빛 콘크리트 질감 벽면으로 마감이 된 현대식 카페였다.
이런 것을 노출 콘크리트 공법이라고 하던가. 아무튼
그 공법 덕분에 카페의 전반적인 분위기는 모던해 보였다.
주차 공간에서 카페 건물로 향하니 Z자 형으로 된 긴 복도가
이어졌다. 높게 뻗은 콘크리트 벽면 사이로 난 반듯한 통로를
걸었다. 복도 끝으로 보이는 벽면에는 카페 이름이 새겨져
있었고 다시 한번 꺾인 길에서 유리창으로 된 출입구를
발견했다. 카페는 지하 1층부터 지상 3층까지 이어지는,
예상했던 것보다도 큰 규모였다. 음료를 주문하고 카페
안을 둘러보다가 적당한 데에 자리를 잡았다. 테이블 간격도

널찍하고 편안한 의자와 적절히 놓인 화분, 통창 바깥으로
보이는 경관까지, 전체적으로 잘 짜인 공간이었다.

그러니 궁금해지는 것이었다. 어디에 시선을 두어도
빈틈없이 꾸며진 이 공간에 어째서 이토록 소외감 드는
음악이 흐르는 것일까. 현대적 건축 양식에 스틸 프레임으로
된 검은색 가죽 소파로 실내를 꾸민 세련된 공간. 하지만
그것과 동떨어진 선곡, 조율되지 않은 이퀄라이저, 고민해본
일 없을 듯한 음량까지. 눈에 보이는 것들이 제법 그럴듯하게
조화로웠으므로 귀에 들리는 소리의 조악함은 더 두드러지는
듯했다.

'카페의 공간을 어떻게 가꿀 것인가' 하는 고민에서 빠져
있는 것은 소리다. 그러고 보면 '디자인'은 시각적 영역의
일인 것 같다. 건축 디자인, 산업 디자인, 그래픽 디자인,
패션 디자인, 가구 디자인, 공간 디자인…… 당장 떠오르는
'디자인'에 관한 단어들을 나열해봐도 그렇다. 무엇인가를
디자인한다는 사고는 눈에 보이고 손에 잡히는, 물성을
가진 것들과 연결된다. 그것들을 만지고, 배치하고, 옮기고,
조직화하고, 결합하거나 분리하는 일, 그리하여 실용적으로
적절하고 '보기'에도 좋게 만드는 일.

디자인이 시각적인 것에 관한 것이기만 한 것은
물론 아니다. 프란시스 포드 코폴라 감독의 1979년 영화
〈아포칼립스 나우〉 크레디트에는 월터 머치 이름 앞에

'사운드 디자인드 바이Sound designed by'라는 표현이 붙었다. 사운드 디자인이라는 말이 사용된 것은 이 일이 처음이었다.

사운드 디자이너의 일은 영화에 포함되는 거의 모든 소리들, 그러니까 음악을 작곡하는 것뿐 아니라 말소리나 사물 소리, 자연 소리 따위를 다루는 것이다. 코폴라가 머치의 작업을 두고 소리를 '디자인'한다고 한 까닭은 그것이 단순히 영화에 필요한 소리들을 정교하게 다루어서만은 아니었을 것이다. 머치의 일은 그 소리들이 영화의 콘셉트에 어울리도록 조직화하고 조율하는 일, 그 소리들이 영화가 전달하려는 메시지를 향하여 구현되도록 계획하는 일, 심지어는 인물이 말하지 않는 것 또한 소리로 드러내는 일까지 포함했을 것이다. 소리가 필요한 곳에 소리를 넣고, 없어야 할 곳에서는 의도적으로 덜어내는 일. 이렇듯 사운드 디자인 작업은 영화의 소리를 영화가 향하는 하나의 아이디어로 수렴시키는 일이다. 영화가 관객에게 건네려는 메시지로.

이렇듯 사운드 디자인은 시청각 매체와 함께 시작된다. 그리고 이들의 작업은 점차 영화만이 아니라 연극, 게임 같은 분야로 확장된다. 매체 속 소리들은 이제 이야기를 보충하거나 감정을 강화하거나 현실감, 혹은 몰입도를 끌어올리는, 없어서는 안될 조건이 되었다.

생각해보면, 무엇인가를 디자인한다는 생각에 시각적, 청각적 영역을 나누는 것은 이상하다. 적어도 디자인이

본질적으로 어떤 결과물이 아니라, 문제를 해결하기 위한 계획이나 구상 같은 것까지 포함한다는 점을 이해한다면 그렇다.

디자인이 시각적 차원을 중심으로 펼쳐져온 것은 우리의 시각 중심 문화를 반영한다. 시각에 관한 한 디자인의 영역이 세분화되어 있지만, 청각적인 것에 관해서는 모든 것을 뭉뚱그리는 말 '사운드 디자인'만이 시청각 예술 장르 안에서 제한적으로 존재하는 것 또한 마찬가지다. 나는 종종 이런 상황이 우리의 듣기 형편을 보여주는 것이 아닐까 생각한다. 인천공항 근처의 그 카페에서처럼, 시각적으로는 대단히 뛰어나지만 청각적으로는 안타까운 환경을 경험하는 것 또한 우리가 보는 만큼 듣지는 않는 현실을 일러준다.

소리를 디자인한다는 생각을 넓혀볼 수는 없을까. 영화나 연극, 게임 속에 존재하는 사운드 디자인을 그 바깥으로 끄집어내 볼 수는 없을까. 시각적 차원에서 우리는 이미 어느 정도는 디자이너다. 새로 산 티셔츠에 어울릴 만한 하의가 무엇일지, 매일 메고 다니는 가방에 어떤 열쇠고리가 어울릴지, 휴대폰 배경 화면에 어떤 사진을 걸지, 방 안의 가구를 어떻게 배치할지 고민해본 적 있다면. 이런 고민을 오래 머무는 사무실, 커피 마시는 휴게실, 밥 먹는 식당, 매일 지나는 거리, 산책하는 공원에도 비추어볼 수 있다. 다만 소리로 상상해보는 것이다. 어떤 소리가 이 공간을

쾌적하게 만들까, 이미 있는 소리들을 어떻게 배치하면
이 지루한 일상이 약간 더 즐거워질까 같은 물음들을. 바로
그런 일이 소리를 디자인하는 것과 다르지 않다.

혹은 나의 방 사운드 디자이너 되기. 다이어리 꾸미기,
가방 꾸미기, 핸드폰 꾸미기 같은 일상 속 시각 디자이너
자아를 소리 디자이너 자아로 옮겨보는 것.

그러려면 일단 잘 들어보아야 한다. 이 말은 그 자체로
우리가 그리 잘 듣지 않는다는 사실을 전제하는 것이기도
하다.

세상은 보이는 것만이 아니라 들리는 것이기도 하다는 걸
알게 한 머레이 셰이퍼의 여러 성취 중 하나는 우리가 얼마나
잘 듣지 않는지, 우리의 듣기 능력이 과거에 비해 얼마나
축소되었는지를 새삼 일깨웠다는 데 있다. 그는 기본적으로
산업화 시대 이후 도시의 소리 풍경이 각각의 색깔을 잃고
잿빛 세계처럼 동질화되었다는 것을 문제 삼는다. 환경
오염만이 골칫거리가 아니다. 소리 풍경도 오염되었다.
그 배경에는 산업혁명 이후 도시를 점거한 기계들의 소음도
있지만, 세상이 어떤 소리들로 채워져 있는가에 무감각한
우리의 듣기 형편도 있다. 그러므로 장소의 역사와 문화를
기억하는 소리 풍경을 회복하기 위해서는, 일단 잘 들어야
한다는 것이 셰이퍼의 생각이었다.

사운드 디자인은 오염된 소리 풍경을 구원할 수 있을까.

글쎄, 적어도 나의 방 안 소리 풍경에서는 작은 일이라도 벌어지지 않을까. 월터 머치가 영화에서 처음 했던 것처럼 나의 취향과 습관을 반영하는 소리를 방 안에 심어보는 것이다. 그러다 보면 방 밖의 거실, 창밖, 거리, 학교, 사무실, 공원, 놀이터, 카페, 식당, 편의점, 마트, 기차역 같은 일상의 공간들로 사운드 디자이너의 사고가 번져 나가지는 않을까. 그렇게 소리에 대한 한 사람 한 사람의 관심이 부풀어 오르다 보면, 그래서 일상에 들을 만한 즐거운 소리들이 충만해지면, 세계를 귀 기울여 듣는 일에 다시 도착하지는 않을까. 그것은 다시 주변의 소리를 가꾸려는 관심으로 이어지고…….

듣기의 윤리

걸음을 멈추어 가만가만

붉은색 코트를 입은 자그마한 소년이 뉴욕 한복판을 걷고 있다. 소년은 그 거리가 낯설다. 어디로 가야 하는지조차 알지 못한다. 그러나 그의 얼굴에는 불안함보다 기분 좋은 긴장감이 서려 있다. 고개를 들어 시선을 위로 옮긴다. 하늘에 닿을 듯 우뚝 선 빌딩들이 아득하다. 그 건물에서 쏟아져 나온 사람들일까. 그들의 걸음은 빠르고, 조심스럽게 주변을 살피진 않으나 방향이 명료하다. 그와 달리 수시로 고개를 좌우로 돌려 나아가야 할 길을 고민하는 소년의 걸음은 그가 이 도시의 외부인임을 확인시켜준다.

그는 한두 걸음 걷다 멈칫, 또 한두 걸음 후 슬며시 멈추어 선다. 그러나 그것이 마주 오는 바쁜 어른들과 부딪치지 않기 위해서인 것만은 아니다. 그보단 귀를 즐겁게 하는 소리들이 자꾸만 그의 발목을 붙잡아서다. 덜컹덜컹. 지하철 환기구에서 열차가 운행되는 소리가 규칙적인 박자로 그의 마음을 사로잡는다. 소년은 박자에 맞추어 고개를 까딱이기 시작한다. 그 비트 위에 또각또각 어른들의 구두 굽 소리, 딩동 신호등 알림 소리, 스케이드보드, 호루라기, 구급차 사이렌 소리 들이 켜켜이 쌓인다. 급기야 소년은 두 손을 상공으로 높이 뻗쳐 든다. 자신을 감싸는 소리들에 한껏 귀를 연다. 소리에 맞추어 손과 팔을 흔든다. 그 반대인 것도 같다. 소리는 그의 손이 주무르는 대로 나풀나풀 굽이쳐 솟아오른다.

영화 〈어거스트 러쉬〉의 한 장면이다. 타고난 음악적 재능을 가진 천재 소년 에반은 처음 발 딛은 뉴욕을 온몸으로 감각한다. 그중에서도 도시를 가득 채운 촘촘한 소리들은 에반의 걸음을 자꾸만 붙들어 맨다. 바깥을 향해 청각을 열어젖힌 그는 마치 교향곡을 듣는 듯 도시 소음에 심취한다.

에반은 어지러운 도시의 소음을 음악처럼 듣고 있다. 소음을 음악처럼 듣는다는 건 가느다란 바늘구멍에 두꺼운 털실을 욱여넣는 것처럼 어딘가 잘 맞지 않아 보이는 만남이 아닌가. 음악은 따라 부를 만한 선율도 있고 때로는 내 마음을 기쁘게도, 슬프게도, 산뜻하게도, 아리게도 만들고, 엄지발가락으로 바닥을 콩콩 치며 리듬을 타도록 재촉하기도 하는데. 소음에도 그런 것이 있었던가.

서양 클래식 음악에 국한해 생각해보건대, 음악은 대체로 조화로운 소리를 지향해왔다. 아주 오래전 음악은 그 자체로 '질서'를 뜻하는 말이었다. 약 2,000여 년 전 중세 시대를 살아간 음악 이론가 보에티우스는 음악이 우주의 음악Musica mundana, 인간의 음악Musica humana, 악기의 음악Musical instrumentalis으로 나뉜다고 생각했다. 이때의 '음악'은 '질서' 혹은 '조화'로 바꾸어 이해할 때 더 적절하다. 보에티우스에게 음악은 지금 우리가 음악이라고 할 때 떠올리는 소리에 관한 것이 아니었다. 우주의 음악은 천체와 세계에 내재된 질서, 곧

행성의 움직임이나 계절의 변화, 낮과 밤의 순환 같은 만물의 수학적 비율을, 인간의 음악은 인간의 몸과 영혼에 각인된 조화로운 균형을 이르는 것이었다.

악기의 음악이야말로 우리가 생각하는 음악에 가깝다. 악기를 연주하거나 노래를 부르는 것으로서의 음악을 일컬어서다. 그러나 이는 그것이 소리를 내는 것이어서가 아니라 조화와 균형을 이루는 것이므로 음악이라 불렸다. 이렇듯 이 시기 음악은 소리 나는 것 혹은 들리는 것이기 이전에 조화로운 것을 이르는 말이었다.

질서에서 태어난 음악은 그 후로 대단히 길고 끈질긴 억겁의 세월 동안 무질서를 검열해야만 하는 운명에 놓인다. 조화로운 소리와 울림만이 음악의 자리를 꿰찰 자격을 얻는다. 조화롭지 못한 불협화음, 이른바 소음은 신경을 건드리고 불쾌한 감정과 불안한 긴장을 조성하므로 조절해야 한다. 이런 불안정한 음향은 일정한 규칙에 따라 제한적으로만 음악 안에 존재할 수 있다. 음악 이론가의 일은 질서로서의 음악의 원리와 원칙을 세우고 불협화음을 치밀하고 정교하게 걸러내어 질서 있는 음악을 만들 방법을 고민하는 것이었다.

불협화하는 소리는 제한되어야 하는 소음이었으므로 그 자체로 부정적 함의를 가지게 된다. 부정적 함의를 갖게 된 불협화음은 이제 음악에서 고통스러움, 절망, 우울함,

무정함, 잔인함, 악랄함, 사악함 같은 감정을 드러내고자 할 때 전략적으로 활용된다. 그러므로 우리는 오페라 중 이방인, 마녀, 악당 같은 역할이 부르는 노래에서 자주 불협화음을 듣는다. 일그러지고 절뚝거리는 불협화음은 극 중 악하고 모진 인물의 몸을 빌려 무찔러야 마땅한 것으로 약호화된다.

태생이 질서인 음악에서 불협화음, 곧 소음은 이렇듯 검열되거나 도구화된다. 그것은 정교한 규칙 위에서 치밀하게 관리된다. 음악에 관한 수많은 이론서들은 음악의 질서를 보존할 갖가지 원칙과 방법론으로 무장한다.

한편 불협화 음향은 불안정한 긴장을 일으키는 것이기 때문에 음악 안에서 나름 유의미한 역할을 수행하기도 한다. 질서와 조화만으로 똘똘 뭉친 음악은 따분해지기 쉬운 법. 이야기란 것도 그렇지 않던가. 착하고, 안정적이고, 예측 가능하고, 둥글둥글한 역할들 사이에 그 물을 흐리는 악당이 등장할 때 흥미진진해진다. 소리들의 이야기라 할 수 있는 음악 역시 마찬가지다. 불협화음은 음악이라는 이야기에 없어서는 안 될 악당, 곧 갈등의 기제가 된다. 안정적인 협화음들의 향연은 불협화음의 존재에 힘입어 음악을 추동할 생기를 얻으므로. 그렇게 추동력을 얻은 음악은 갈등의 끝에 다다라 손에 땀을 쥐는 절정에 이를 수 있으므로. 그래야만 마침내 환희와 감격이 분출하는 궁극의 결말에 닿을 수 있으므로. 불협화 음향은 음악 안에서 나름의 방식으로 그 존재를 공고히 할 자리를 얻는다.

그러나 그때 불협화적 소음은 대체로 조화로운 질서를 위한 제물이 된다. 아름다운 균형을 위해 소환된 소음은 음악 안에서 자신의 쓸모를 아낌없이 소진한다. 음악이 소음을 딛고 균형을 실현하고 나면 소음은 자취를 감춘다. 이렇게 협화음은 악당을 무찌르는 데 성공한다. 그리고 마침내 음악은 아름다운 종결에 다다른다. 태생이 균형인 음악에서 소음이 도구화되는 것은 운명과도 같은 일일까.

20세기 이후의 서양 클래식 음악이 그 이전과 극렬히 구분되는 지점이 있다면 그것은 소음을 대하는 태도에서 찾을 수 있다. 전통과 뿌리, 관습과 제도 같은 것을 적극적으로 거부하고 공격한 유럽의 아방가르드 음악가들은 음악이 곧 '질서'라는, 대단히 오랫동안 간직되어 온 음악의 전제를 처음부터 다시 생각하려는 것 같았다. 루이지 루솔로나 에드가르 바레즈, 피에르 셰페르 같은 이들의 음악에는 질서의 반대편에 있던 무질서한 소리들이 음악의 중앙을 꿰차기 시작했다. 그 무렵 일상을 파고든 기계들의 시끄러운 소리, 철로 위를 질주하는 기관차의 굉음, 공장의 증기기관이나 방직기계 소리, 혹은 전자적으로 발생된 사이렌 소리 같은 것들이. 이런 음악은 무질서한 소리도 음악을 이루는 의미 있는 재료가 될 수 있다고 알려주었다. 더 전복적으로는, 질서가 곧 '음악'이라는 생각이 이데올로기일 수 있다고 알려주었다.

　미국 작곡가 존 케이지의 생각은 음악과 소음에 관한
통찰에 있어서 이 음악가들과는 또 다른 세계를 열어젖혔다.
가장 널리 알려진 그의 작품 《4분 33초》(1952)는 음악 작품이
작곡가의 의도에 따라 철저하게 계획되어 완성되는 소리라는
관념을 뒤흔든다. 이 작품이 처음 무대에 오르던 날, 그 홀의
객석으로 몸을 옮겨본다.

　무대 위에 놓인 피아노 한 대. 희끄무레하던 무대 위
조명이 서서히 밝아지자 피아니스트가 무대로 나와 관객을
향해 인사한다. 그가 피아노 쪽으로 몸을 돌려 의자에 앉자
관객들은 숨죽여 그의 손끝으로 시선을 모은다. 긴장한 걸까.
아무리 기다려도 피아니스트는 좀처럼 건반을 누르지 않는다.
다만 피아노 위에 놓인 시계만을 골똘히 응시할 뿐이다.
무언가 이상함을 알아챈 객석은 웅성거리기 시작한다.
피아니스트에게 무슨 일이 생겼나. 악보를 잘못 가지고
나왔나. 객석에서 못 잊은 과거 애인을 발견했나. 연주하기
어려운 심각한 심리적 압박에 시달리나. 그러다 몇몇은
웃음을 터뜨리고 또 몇몇은 자리를 박차고 일어난다.
"이딴 게 음악일 리 없다"고.

　이 모든 소리들이 《4분 33초》 안에서 흘렀다.
존 케이지는 악기만 음악을 만드는 게 아니라 우리 주변의
모든 소리와 소음들이 이미 음악일 수 있다고 전한다. 다만

조건이 있다. 그것에 귀를 열어보겠다는, 관심을 가지고 들어보겠다는 태도의 전환이 수반되어야 한다. 그때 모든 소리는 음악이 된다.

존 케이지가 소음으로 무언가를 하려는 것은 아니다. 그의 음악적 도발은 유럽의 아방가르드 음악가들과 다르다. 그가 일상의 소리나 소음이라고 간주되는 소리를 음악에 끌어들이는 것은 전통과 제도라는 이름으로 단단하게 세워진 이데올로기를, 단지 공격하려는 것만은 아니다. 그는 현대의 기계 문명이 얼마나 대단한지를 소음으로 드러내거나, 낡은 전통과 이별하기 위해 기발한 소음을 차용하거나, 뒤죽박죽 소리도 음악이 될 수 있다고 선언하지 않는다. 물론 음악과 소리에 관한 인식의 세계를 누구도 생각하지 못한 정도로 확장해서 결과적으로 그의 작업이 전통적인 음악의 세계에 뜨거운 경종을 울리게 된 사실은 부인할 수 없다. 그렇지만 처음부터 그 경종 자체가 궁극의 지점은 아니었을 것이다.

다만, 존 케이지는 소음이라고 간주되는 것들의 이질성을 그냥 있는 그대로 두어볼 뿐이다. 그리고 들어보려는 것이다. 가만히 듣다 보면 시끄럽기만 하지는 않을 것이므로. 불쾌하기만 하지는 않을 것이므로. 그러므로 케이지는 이렇게 말한다. "소음에 귀를 열면 그것은 음악이 된다"라고. 그럴듯하지 않나. 우리는 이미 일상의 도시 소음을 교향곡처럼 듣는 예반에게서 이 사실을 엿보았다.

언젠가 소음을 주제로 하는 강연을 들었다. 강연이 끝난 후 자신을 조각가라고 소개한 한 참석자는 소음에 관한 스스로의 경험을 털어놓았다. 그는 소음을 주제로 한 작업을 준비 중이었다. 매일 소음에 관해 생각했다. 하지만 깊이 생각하면 할수록 그것을 명료하게 정의하는 일의 어려움에 부딪혔다. 도대체 소음이란 무엇일까. 한 가지 의미로 뚜렷하게 규정할 수 있는 것일까. 그 무렵 그는 매일 아침 자기 집 앞을 지나는 배추 장사 트럭의 방송 소리에 괴로워하고 있었다. 아무리 밤늦게까지 작업을 하다 잠자리에 든 날이라도, 이른 아침이면 배추 장사 소리에 깨어나야만 했다. 그 소리는 그에게 다름 아닌 소음이었다. 문득 그런 생각이 든 그는 그 소리를 작업의 출발점으로 삼기로 했다. 그랬더니 놀라운 일이 벌어졌다. 매일 아침 자신을 괴롭힌다고 생각했던 그 배추 장사 트럭의 방송 소리가 뜻밖에도 기다려지기 시작한 것이다.

음악학자 정경영이 그 자리에 있었다면 아마 이렇게 반응했을 것이다. 조각가 당신은 소음이 무엇인가를 이미 깨우쳤노라고. 그는 소음이란 정의되는 것이 아니라 상황과 맥락에 따라 만들어지는 거라고 말한다. 소음은 큰 소리라거나 시끄러운 소리 혹은 듣기 싫은 소리처럼 특정한 '대상'이 아니라 상황이나 관계에 따라 달라지는 거라고. 가령 남들은 소름 끼친다고 싫어하는, 체육관

바닥에 운동화가 끽끽 마찰하는 소리가 그에게는 농구하는 감각을 일깨워 가슴 뛰게 하는 것처럼. 방금까지 시끄러워서 불편하기만 하던 옆 테이블 사람들의 대화 소리가 갑자기 내 친구와의 대화보다 더 궁금해지는 것처럼. 클럽에서의 큰 소리와 도서관에서의 큰 소리가 다를 수밖에 없는 것처럼. 배추 장사 소음에 대한 입장이 달라지자 자신을 괴롭히던 소리가 기다려지는 소리로 바뀌었다는 조각가의 경험담은 소음이란 규정되는 대상이 아니라 그때그때 구성되고 달라지는 것이라는 사실을 재치 있게 보여준다.

소음이 만일 그런 것이라면, 지금 우리에게는 무엇이 소음인가 고민해보아야 한다. 우리가 듣기 싫어하는 소리는 무엇인지, 우리는 왜 그 소리를 듣기 싫어하는지를. 혹 그것이 처음부터 시끄러운 소리나 듣기 싫은 소리인 것이 아니라 우리 자신이 듣지 않기로 결정한 소리인 것은 아닌지. 듣지 않기로 결정한 나머지 자꾸만 주변으로 밀려나 원치 않는 소리가 되고 만 것은 아닌. 밀려나고 밀려나다 마침내 아무리 소리 내도 들리지 않는 역설에 다다른 것은 아닌지. 음악이 무엇인지, 소음은 또 무엇인지를 묻는 예술가들의 물음은 예술적 실험의 범주를 넘어 일상의 소리와 듣기의 태도에 관한 문제에 가닿는다.

가만가만 귀를 모으면 듣고 싶지 않던 소리가 기다려질지 모른다. 대체 왜 저러는지 모르겠는 마음 옆에

서게 될지 모른다. 존 케이지의 말처럼 소음이던 것이 음악이 될지 모른다. 그러다 끝끝내 에반과 같이 두 손을 상공 위로 뻗쳐 들지 모른다. 걸음을 멈추어 가만가만. 소음에, 나의 것과는 다른 그 소리에, 듣고 싶지 않아 성가시던 염려 어린 목소리에 귀를 모아본다.

1   음악학자 정경영은 나의 스승이다. 바로크 음악 전문가면서 동시에
     우리나라에서 집단 연구로서 소리 연구*Sound studies*를 이끌고 수행한
     첫 번째 사람이기도 하다. 나는 그에게서 음악이 어떻게 삶과 만나는지,
     왜 인간이 음악적인지, 음악 공부가 어째서 나와 타자와 이 세계를
     향한 윤리적 물음으로 연결되어야만 하는지를 배웠다. 그러므로 그는
     음악학자이기 이전에 인문학자다. 이런 면모가 그의 첫 번째 교양서
     『음악이 좋아서, 음악을 생각합니다』(곰출판, 2021)에 담겼다.

저쪽에 있는 것을 이쪽으로

음악학자 정경영은 저서 『음악이 좋아서, 음악을 생각합니다』(곰출판, 2021)에서 소음에 관한 사유를 풀어낸 글에 '소음의 정치학'이라는 제목을 붙였다. 그 제목은 소음이 큰 소리, 시끄러운 소리 같은 객관적이거나 물리적인 속성의 문제만이 아니라 상황과 문맥 안에서 만들어지고 구성되는 것임을, 그리고 그 상황과 문맥에는 정치적·권력적 함의가 존재할 수 있음을 드러낸다. 그러니까 소음은 특정한 상황의 권력관계 속에서 소음이라고 의미를 부여받은 것일 수 있다.

소음은 맥락 속에서 발생한다. 누가 말하고, 누가 듣고, 무엇을 듣고, 무엇을 듣지 않는지, 그리고 그것이 '소음이다' 결정하는 것은 누구인지 하는 맥락 말이다. 이 관계 구조를 정치, 곧 권력관계의 문제라고 할 수 있다. 물론 이때의 권력이란 것이 언제나 힘을 손에 쥔 한 인물, 그러니까 권력자를 의미하는 것만은 아니다. 한 사람의 고압적인 태도나 개인의 권위만이 아니라 한 사회, 한 문화, 한 나라, 더 넓게는 인류가 중심에 두는 사고와 가치 판단 체계 같은 것이 모두 권력이라는 단어로 둘러쳐질 수 있다.

소음은 이렇듯 정치의 역학 안에서 만들어진다. 권력이 '시끄럽다'고 호명한 존재 또는 그 소리가 소음으로 규정된다. 그리고 소음은 시끄러우므로 마땅히 밀어내야 할 소거의 대상이 된다.

어떤 소음은 배제되는 대신 낚아채진다. 권력이

제 입맛대로 취해 소진해버리는 소리다. 그 소리가 누구의 것인지, 무엇인지에 관한 이해 없이 원하는 대로 가져다 쓰는 소리. 이 경우 소음은 배제와 통제보다는 전유Appropriation의 문제가 된다. 전유라는 개념은 좀 복잡하다. 전유는 기본적으로 저쪽에 있는 것을 이쪽으로 가져오는 행위다. 이때 저쪽 것을 이쪽으로 가져오는 것이 누구냐에 따라 전유의 의미는 달라진다.

예컨대 역사적 배경이나 맥락을 제거한 채 특정 문화를 표면적인 이미지나 효과로서만 빌려오는 것은 전유다. 많은 경우 여기에는 위계 구조가 전제된다. 대체로 빌려오는 쪽이 힘의 위쪽에, 빌려주는 쪽이 아래쪽에 놓인다. 그런데 원래 전유는 마르크스주의에 기반한 문화 연구에서 중요하게 쓰인 개념이었다. 이때의 전유는 권력의 아래로부터 위를 겨누는 식으로 나타난 행위였다. 이를테면 노동자가 지배 계급의 질서를 전복적으로 재해석해서 자기화하는 것이다. '저쪽에 있는 것을 이쪽으로 가져오는 행위'라는 데에는 변함이 없지만, 가져오는 것이 누구냐 하는 문제는 앞의 것과 다르다. 그러니 '저항'에서 시작한 전유는 '도용'으로 의미가 전유된 셈이다. 그 말이 가진 의미가 스스로의 운명이 된 것일까.

문학비평가이자 문화이론가 에드워드 사이드의 '오리엔탈리즘' 개념은 이와 같은 전유의 문제를 동양과 서양 문화 사이의 권력관계를 통해 구체적으로 다룬다.
사이드에 따르면 오리엔탈리즘은 단순히 '서양이 동양에
가지는 관심' 같은 가치 중립적 개념이 아니다. 서구에서,
서구인의 시각으로 동양의 모습을 (제멋대로) 상상하는,
도무지 한 마디로 설명할 길 없는 동양을 평면적인 것으로
왜곡해버리고 마는 것에 가깝다. 그 왜곡은 동양을 서양보다
열등한 것으로 간주하는 것만이 아니라, 신비로운 미지의
세계로 신화화하는 방식으로도 재현된다. 바꿔 말하자면
서구가 동양의 문화를 그 맥락에서 떼어 내어 열등한, 혹은
신비로운 이미지만을 위해 '전유'하는 일이 일어난다는
것이다. 사이드는 이 같은 오리엔탈리즘이 문화의 형태를
띤 권력이자 지배의 기제라는 점을 문제 삼았다. 그러니
오리엔탈리즘은 문화적 관심을 가장한 또 다른 식민주의와
같다.

　　서구 사회가 동양 문화를 전유하고 왜곡하는 방식은
음악 안에도 각인된다. 특히 극이 있는 음악 장르인
오페라에서 그런 예들이 쉬이 발견된다. 가령 이탈리아
작곡가 자코모 푸치니의 오페라 《투란도트*Turandot*》(1926)는
오리엔탈리즘의 전형으로 간주된다. 이 오페라는 고대
중국을 배경으로 한다. 투란도트는 고대 중국의 공주다.
어쩐지 중국 공주의 이름부터 도저히 중국스럽지가 않다.
그럴만한 것이, 이곳은 그 실체와는 아무런 관계없이 상상

속에서 구성된 나라다. 투란도트의 중국은 신비롭지만 잔혹하고 비합리적인 나라로 그려진다.

　등장인물도 묘하다. 오페라가 진행되는 내내 잔뜩 화가 나고 날이 서 있는 공주. 그는 결혼하자고 찾아온 남자들에게 자신이 내어주는 퀴즈 세 가지를 맞힐 경우에만 남편으로 받아들이겠다고 선포한다. 단, 한 문제라도 틀릴 경우 남자는 목숨을 내놓아야 한다. 그러나 그 문제는 웬만하면 결코 맞힐 수 없을 만큼 무시무시하게 어렵다. 수많은 남자들이 죽어 나가지만 얼음같이 차고 냉담한 공주는 눈 하나 깜짝하지 않는다. 잔혹하지만 매혹적인 여자, 투란도트. 그러나 이 여자는 곧 칼리프라는 서구 남성의 따뜻한 사랑에 마음을 열고 길들여지는 인물로 소진된다.

　이런 점은 극의 서사만이 아니라 푸치니가 선택한 음악의 재료에도 각인된다. 푸치니는 20세기 초 당시 서양음악에서 동양을 표현하고자 할 때 사용한 음악의 이디엄들을 끌어들인다. 가령 '도레미파솔라시도'로 된 서양의 음계 대신, 비서구 지역에서 사용하곤 하는 다섯 음으로 된 음계를 사용하는 식이다. 또 종소리나 징 같은 타악기 역시 동양에서 유래한 불교를 상기시키는 장치로 활용한다. 푸치니는 실제로 존재하는 중국의 민요 〈모리화〉를 빌려오기도 한다. 그러나 민요가 원래 불리곤 하던 상황이나 배경은 소거된다. 이런 요소들은 단지 서양인들에게 중국스럽고 신기하다는 인상을 불러일으키기 위해 소모된다.

푸치니의 또 다른 오페라 《나비부인Madama Butterfly》(1904)은 희생하고 순종하고 정절을 지키는 동양 여인에 대한 서구의 환상을 거울처럼 반영한다. 《투란도트》보다 20여 년 먼저 제작된 이 오페라는 20세기 초 일본을 배경으로 한다. 일본인 여성으로 등장하는 주인공 초초상은 일본에 머물던 미국 해군 장교 핑커톤과의 사랑 앞에 모든 것을 바치고 희생하는 여인이다. 당시 서구 남성이 동양 여성을 향해 가진 왜곡된 판타지가 고스란히 재현된 예다.

푸치니의 이 두 작품이 세상에 소개된 지 100년이 흘렀다. 음악은 바뀌었을까. 지난 2025년 예술의전당이 제작에 나선 오페라 《The Rising World: 물의 정령》(이하 《물의 정령》)은 여기에 관해 무엇인가 말해준다. 호주를 대표하는 음악가이자 세계적으로 주목받는 작곡가 메리 핀스터러가 음악을, 역시 호주의 극작가 톰 라이트가 대본을 맡은 작품이다. 오페라의 완성도나 예술적 성취 같은 것과 무관하게 여기서 '소음'(동양적인 것)을 다루는 방식은 살필 가치가 있다. 노골적이지 않지만, 그래서 더욱 영리하게 작동되는 전유의 문제를 품고 있어서다.

배경은 고대의 어느 왕국. 왕은 마음이 심란하다. 기이한 자연 현상이 왕국을 혼란에 빠뜨리고 있어서다. 마을 연못과 호수는 물이 넘쳐나고, 갑자기 우박이 내리거나 폭풍우가 들이닥치기도 한다. 그러다 그 모든 것이 공주 몸에 깃든 물의 정령 때문이라는 것을 알게 되고, 왕은 물의 장인을 궁으로 들인다. 장인은 정령을 빼내기 위해 물시계를 제작한다. 첫 시도는 실패로 돌아가지만, 이내 정령을 공주의 몸 밖으로 빼내는 데 성공한다. 문제의 실마리는 장인이 남긴 물시계 설계도에 있었다. 그것은 해독하기 어려운 고대 언어로 되어 있다. 장인의 제자는 건축가의 도움으로 마침내 비밀스러운 언어를 읽어내고 그렇게 만든 물시계로 정령을 쫓아낸다. 왕국의 모든 것이 제자리로 되돌아간다. 복잡한 줄거리 같지만 한마디로 요약하자면 세상을 구하는 영웅, 물의 장인의 이야기다.

음악은 과하거나 모자라지 않았다. 관현악단의 연주는 한 편의 대규모 스펙터클 영화를 보는 듯한 장엄한 음악을 들려주다가도, 여리고 아름다운 가락을 그윽하게 울리기도 했다. 합창단의 장대한 노래는 관객석의 깊은 몰입을 이끌었고, 특히 물의 정령이 마침내 공주의 몸에서 빠져나오는 장면에서는 관현악단의 어쿠스틱 음향에 전자 음향이 은은하게 중첩되면서 묘한 감응을 일으키기도 했다. 게다가 극의 후반부에 드디어 모습을 드러낸 정령은 남자와 여자 그 사이 어딘가에 존재하는 듯한 목소리('물의 정령' 역할은 남자 성악가가 여자의 음역대를 노래하는 카운터테너가 맡았다)로 노래했으므로, 그 기이한 공기는 더욱 짙어졌다.

전반적으로 잘 조율된 오페라에서 '한국적인 것'을 어째서 그토록 순진하게 차용했는가는 의문이었다. 물시계를 제작하는 장면에서다. 장인은 물시계를 제작하기 위한 설계도를 만든다. 장인의 제자는 그 설계도를 들고 건축가를 찾아간다. 설계도는 고대 문자로 쓰였고, 고대 문자를 해독할 줄 모르는 장인의 제자는 건축가에게 이를 해석해 물시계를 제작해야 한다고 전한다.

이때 무대에서는 거문고 소리가 고즈넉한 풍류의 한 대목처럼 연주된다. 이어 거문고의 역동적인 베이스 선율이 일꾼들의 노동요로 흐르면, 그 위에 설계도의 고대 문자를 상징하는 한국어 내레이션이 포개진다.

이 장면은 인상적이고도 엉뚱했다. 우선 거문고 소리가 서양 악기들로 연주되는 오페라 사이에 놓이자 그 소리는 대단히 이질적으로 들렸다. 거문고라는 악기의 소리만이 아니라, 그것이 연주하는 가락 또한 그렇다. 거문고는 현대적으로 새로이 작곡된 가락이라기보다, 호젓한 연못이나 호숫가 같은 곳에서 선비들이 즐겼을 법한 고아한 음악을 연주했다. 말하자면 방금까지 들어왔던 오케스트라의 연주와는 그 성질이 몹시 다른 소리였다.

거문고가 연주되기 시작했을 때는 의아했지만 얼마 후 고대 문자를 해독하는 한국어 내레이션이 스피커를 통해 흘러나오자 분명해졌다. 거문고도, 우리말도, 모두 아득한 고대를 상징하는 것이구나. 이토록 신비로운 거문고 소리라니! 이토록 비밀스러운 우리말이라니!

이 오페라에서 물시계 설계도의 고대 문자는 장인의 제자마저 쉬 해독할 수 없는 난해한 것으로 설정된다. 그런 만큼 성스럽고 비밀스러운 것이기도 하다. 제작진은 그 은밀하고 매혹적인 힘을 거문고와 한국어에서 빌려온다. 그들에게 우리 것이 신비롭다고 여겨졌을 테니까. 익숙하지 않은 우리말 발음과, 장단과, 높낮이, 그것이 일으키는 낯설고 묘한 이질감 같은 것들이. 멋지지 않은가! 우리나라의 유산이 이토록 아름답고 오묘한 매력을 지녔다고.

그렇지만 잘 생각해보아야 한다. 제작진이 한국적인 것을 '순진하게' 빌려왔다는 것은 바로 이 지점이기 때문이다.

거문고 소리는 고대 언어로 된 물시계 설계도를 해독하는 장면에서 흘러든다. 수수께끼 같은 고대의 지혜가 풀려나는 결정적인 극적 전환의 순간. 여기서 품위 있게 울리는 거문고 선율은 우리의 전통음악이라는 문맥을 벗어나 아득한 고대 거인의 지혜, 역경에 처한 왕국을 구해낼 영웅적 혜안을 품은 상상된 유토피아의 소리로 거듭난다.

우리말이 쓰인 맥락도 다르지 않다. 여기서 우리말은 '해독할 수 없는 고대 문자,' '비밀스러운 설계도,' '성스러운 지식'의 기호로 배치된다. 하지만 우리에게 한국어는 우리 문화와 생각, 정신이 반영된 언어이자 일상어다. 어제도 우리는 이 언어로 생각했고 오늘도 소통하고 있으며 내일도 마찬가지일 것이다. 이렇게 살아있는 언어이자 현재에 존재하는 우리말이 오페라 안에서 아득한 과거에 속한 것, 진보한 현대에는 쉬이 해석하기 어려운 은밀한 진실이 담긴 무엇인가로 시간화된다. 우리 문화는 과거에 고정된다. 그리하여 현대 언어로 말하는 서구와 고대 언어로 침묵하는 동양 사이의 위계는 선명해진다.

그러니 조금 솔직해질 필요가 있다. 정말로 신비로운가? 정말로 오묘한가? 우리말이, 우리 가락이 말이다.

세계 무대의 청중들에게 거문고와 한국어가 이질적인 소리일 수 있다는 조건과 별개로, 이 오페라는 우리나라에서 제작하고 초연한 작품이라는 맥락 또한 고려해야 한다. 이 오페라는 서양과 동양 문화 간 위계, 그 권력관계에서 발생하는 전유라는 단순한 도식 위에 놓이지 않는다. 작곡가는 호주인 메리 핀스터러이지만 그것을 제작해 무대에 올린 것은 우리 자신이고, 오페라 안에서 존재 배경이 지워진 채 울리는 우리 문화에 긍지를 느끼는 것 또한 우리 자신이기 때문이다. 그러니 아프지만 인정하게 된다. 이 오페라에서 한국적 요소를 타자화하는 것은 우리 자신이기도 하다.

오페라 《물의 정령》에서 우리말과 거문고 소리는 전유된다. 그것이 푸치니의 《투란도트》나 《나비부인》보다 더 은밀한 것은 타자를 식민화하는 방식이 한층 교묘해서다.

그러므로 헷갈리게 만들어서다. '우리 문화가 이토록
아름답다니' 넋 놓고 경탄하는 순간, 권력관계의 지배 체계
안으로 스스로 걸어 들어가도록 부추긴다. 자기 스스로를
대상화하고, 타인의 시선, 곧 외부에서 우리를 바라보는 문화
식민주의적 시선을 내면화하도록, 비밀스럽게 이끈다.

　　소음은 배제되는 한편 전유되기도 한다. 권력은 소음을
의미 없다고 낙인찍는 한편 제 입맛에 맞게 타자화하기도
한다. 지배권력이 말 못 하도록 만드는 소리는 배제되고
원하는 방식으로만 말하도록 할 때 전유가 일어난다.
배제와 전유. 이 둘은 권력이 소음을 지배하는 서로 다른
두 전략으로 작동한다.

　　이쯤에서 우리는 '저쪽에 있는 것을 이쪽으로
가져오는' 전유의 또 다른 용법을 떠올려볼 수 있다.
재전유*Reappropriation*다. 재전유는 타자화된 무엇, 말하자면
중심에서 밀려난 소음을 가운데로 가져오는 일이다. 그래서
그 밀려났던 소리, 들리지 않던 소리, 소거된 소리가 스스로
목소리의 주인이 되어 말하고 소리 내는 일이다.

　　거문고가 전유되지 않는 방식으로《물의 정령》에서
존재할 수 있다면 그것은 어떤 형태일까. 거문고가 놓인
역사와 문화와 공간은 어디일까. 전통악기 거문고가 우리에게
의미하는 것은 무엇일까. 어쩌면 내가 물의 정령에서 들었던
거문고 소리에 대한 인상, "호젓한 연못이나 호숫가 같은

곳에서 선비들이 즐겼을 법한 고아한 음악" 역시 거문고를
향한 또 다른 허구적 상상의 유토피아일지 모르겠다.
거문고에 대한 이런 식의 기대는 그 음악을 우리의 전통적인
과거 어느 순간에 가두어 박제하고 만다.

　　목소리 주인의 스스로 말하기가 성취되려면 듣는
귀가 전제되어야 한다. 거문고가 스스로 그답게 말하는
것을 정확하게 들을 수 있는 귀가 필요한 것처럼. 그 귀는
들리지 않는 것에 뾰족하게 청각을 여는 귀, 낯선 것을 낯선
대로 들을 수 있는 귀여야 한다. 우리 귀는 그것에 얼마나
가까운가.

듣기와 생태학적 상상력

여자 선배들은 박사논문 쓰는 일을 출산에 비유하곤 했다. 논문을 쓰는 지난한 과정 끝에 학위를 취득하는 것이 열 달 동안 뱃속에 품어온 아이를 마침내 세상 밖으로 내보내는 일과 닮아서일까. 나는 아이를 낳아본 경험이 없으므로 출산이 무엇인지 알 길이 없다. 다만 짐작해볼 뿐이다. 박사논문 쓸 때의 마음으로. 아이를 품고 낳는 일 또한 끝이 보이지 않는 껌껌한 터널 속을 뚜벅뚜벅 걸어나가는 일일까. 마침내 다다른 출구 앞에서 여전히 컴컴한 바깥을 만나게 될지 모른다는 염려를 품고도 하루하루 걸어나가는 일 외에는 달리할 수 없는 것이, 바로 출산의 일일까.

박사논문을 쓰는 동안 나는 대체로 그런 느낌이었다. 눈을 가리고 손을 허공에 더듬더듬 휘저으며 한발 한발 내딛는 기분. 그 걸음이 터널 끝을 향하고 있는 것인지 알 수 없지만, 묵묵히 걷는 것 외에 할 수 있는 것이 없다는 막막함. 풀어낼 수 없게 꽉 조여진 실매듭을 풀어헤치고 있는 듯한 당혹감. 논문을 쓰는 대부분의 순간들이 그랬다. 작곡가 올리비에 메시앙의 음악을 살펴보던 그날도 다르지 않았다.

그날은 메시앙의 작품들 중 대규모 관현악 작품 《크로노크로미_Chronochromie_》(1960)를 듣고 있었다. 나는 그 음악을 감상으로서가 아니라 연구 대상으로 만나고 있었으므로, 좀 더 분석적인 태도로 음악을 듣고 있었다. 노트북 스피커에서 무성한 소리들이 뿜어져

메시앙, 《크로노크로미》 6악장 '에포드' 중 마디 1~5.

Fauvette babillarde

1er Pinson

2e Pinson

5e Merle

6e Merle

Verdier

Alto 3   Alto 2

나오는데, 거기서 무엇을 들어야 하는지 알기 어려웠다. 웬만한 난해한 음악이라도 가만히 귀를 열면 들릴 법한 악구나 종지, 선율이나 진행 흐름이 좀처럼 파악되지 않았다.

악보를 펼쳤다.[1] 역시 난해하다. 복잡하게 보이지만, 대충 훑는 것만으로 알게 되는 것들도 있다.

첫째, 오선지는 모두 열여덟 개 그려져 있다. 열여덟 개의 서로 다른 성부들이 함께 연주한다는 것을 알 수 있다. 이 악보에는 생략되어 있지만, 메시앙은 "이 음악은 열여덟 대의 현악기가 연주하고, 한 성부는 한 악기가 연주하라"고 지시해두었다. 그러니까 이 음악은 열여덟 대의 악기가 전부 각자의 파트를 솔로 연주자처럼 연주한다.

둘째, 이 수많은 성부들의 시작점은 제각각이다. 두 번째 성부가 가장 먼저 연주를 시작하면, 이어서 첫 번째, 세 번째, 네 번째 성부가 시간차를 두고 하나둘 연주한다. 마치 투명한 물 위에 검정색 잉크를 한 방울 떨어뜨린 것처럼, 음악은 한 성부에서 시작해 점진적으로 전체 악기로 번져 나간다.

셋째, 맥박처럼 일정하게 흐르는 박Beat이 없다. 그러므로 이 음악에는 4분의 4박자가 가진 규칙적인 '강 약 중강 약' 같은 박자Meter 또한 존재하지 않는다. 음악에 박과 박자가 없으면 무슨 일이 벌어질까. 우선 음악을 들으면서 고개를 까딱이기 어렵다. 리듬 좀 타는 청취자라면, 음악을 들으면서 절로 발 박자를 맞추거나 고개를 움직이면서 어떤 방식으로든 음악에 내재된 박자를 따라 몸을 흔든다. 하지만 이 음악을 들으면서 그러기는 어렵다. 모든 성부들은 하나같이 제 갈 길을 간다. 모두가 다 함께 일정한 박자 위에서 같은 리듬으로 혹은 같은 선율로 조화롭게 소리를 모으는 일이, 이 음악에서는 좀처럼 일어나지 않는다.

고전주의나 낭만주의 시대 음악, 그러니까 하이든이나 모차르트, 쇼팽이나 차이콥스키의 음악에서라면 좀처럼 있을 수 없는 일이다. 이들의 음악에서 우리는 흥얼거릴 만한 선율도 듣고, 음악이 흐르고 있다는 진행감도 인식한다. 적어도 음악이 시작하고 소리들이 점차 복잡하게 짜이다가 무슨 일이라도 벌어질 것 같은 절정에 다다르고 이내 다시 안정적인 소리로 돌아오면서 종결되는 커다란 흐름을 듣는다.

그렇지만 메시앙의 이 음악은 그렇지 않다. 이 곡을 처음 듣는 순간 나타나는 즉각적인 반응은 당혹스러움이다. 분명 여러 악기들이 소리 내고 있는데, 대체 선율은 무엇인지, 그 소리 안에서 어떠한 일이 벌어지는지, 음악이 흐르고 있는 것이 맞는지 헷갈리기 때문이다.

음악의 시간성에 천착하면서부터 메시앙의 음악이 중요했던 이유는 바로 여기에 있었다. 그의 음악은 무수한 소리를 내보내고 있지만, 음악이 결코 흐르지는 않는다는 감각을 일으킨다. 이 음악을 들으면서는 고개를 까딱일 수 없다. 그것만이 아니라 어디서 숨을 쉬어야 하는지, 음악이 대체 흘러가고는 있는 것인지 알기 어렵고, 심지어 연주자들은 제대로 연주하고 있는 것인지도 헷갈린다. 저 많은 음을 들어낼 만큼 나의 청각은 촘촘하지 않기도 하지만 그 모든 음을 들어야만 하는 것 또한 아닌 듯하다.

메시앙의 음악을 연구한 여러 음악학자는 그의 음악에서 시간적 흐름이 멈춘 듯한 감각을 느끼게 된다는 점에 주목했다. 그의 음악은 그 선배들이 만들어 낸 음악에서와는 다른 시간적 흐름을 품어내어 현대적 새로움을 획득한다는 것.

그렇다면 메시앙은 어쩌다 이렇듯 획기적으로 새로운 음악을 만들게 된 걸까. 그가 새소리에 남다른 관심을 가진 음악가였다는 약간의 배경지식, 그리고 악보를 자세히 살필 줄 아는 다소간의 관찰력을 가졌다면, 그의 새로운 음악이 새소리와 관계가 있다는 사실을 어렵지 않게 짐작할 수 있다. 메시앙이 새소리에 주목했다는 사실은, 혹 몰랐더라도 지금 알게 되었으니 문제없다. 두 번째로, 악보 관찰 또한 지금부터 시작하면 된다.

악보의 각 성부에는 프랑스어로 낱말들이 적혀 있다. 첫 번째부터 네 번째 줄까지는 'Merle', 다섯 번째에는 'Bruant Jaune', 여섯 번째에는 'ler Chardonneret'가 이어진다. 각각 우리말로 옮기면 티티새, 노랑멧새, 금발톱새다. 그 밖에도 새 이름은 줄줄이 이어진다. 작은 솔새*Pouillot véloce*,

휜목솔새*Fauvette grisette*, 쇠흰턱딱새*Fauvette babillarde*, 되솔새*Pinson*, 꾀꼬리*Rossignol*, 푸른빛 멧새*Verdier*, 황금새*Loriot*, 정원솔새*Fauvette des jardins*, 붉은가슴멧새*Linotte*까지. 열여덟 대의 악기는 각각 메시앙이 지시한 새가 되어 지저귄다.

이름조차 생소한 이 새 목록들. 이들이 지저귀는 노랫가락들은 메시앙의 상상 속에서 창조된 것이 아니다. 그는 유명한 새소리 채집자였다. 프랑스 전역을 다니면서 각 지역에 서식하는 새소리를 기록했다. 그러모은 새의 소리를 음악으로 번역했고, 그렇게 그는 《새들의 목록*Catalogue*

d'oiseaux》(1958)을 완성하기도 했다. 피아노 솔로 작품으로 완성된 이 작품은 모두 열세 곡으로 구성되어 있고, 여기에는 알프스 까마귀*Chocard des alpes*, 유럽 황금새*Loriot d'europe*, 푸른바위지빠귀*Merel bleu* 등 열세 종류의 다른 새소리가 담겼다. 피아노는 꽤 그럴듯하게 새소리를 집어삼켰다. 이 음악에서 피아노와 새소리의 간극은 믿을 수 없을 만큼 좁혀진다. 새소리 채집 무대가 프랑스만은 아니었다. 《이국의 새들*Oiseaux exotiques*》(1956)은 메시앙이 미국의 한 국립공원에서 들었던 새소리를 음악으로 완성한 것이었다.

메시앙은 늘 수첩과 연필을 지니고 다녔다. 틈틈이 바깥으로 나가 새소리를 악보로 옮겼다. 새의 행동이나 소리의 질감을 짧은 글로 적기도 했다. 녹음기가 상용화되었던 1950년대 이후로는 휴대용 녹음기도 챙겼다.

물론 이때의 '휴대용'이 지금같이 손바닥 안에 들어오는 크기는 아니었겠지만, 소리를 기호로 옮기는 악보와 달리 녹음기는 소리 자체를 기록할 수 있으므로 유용했다. 더불어 조류학자들이 채보한 새소리 음반도 메시앙에게 중요한 자료였다.

메시앙은 새소리를 듣고 기록하고 음악 안에 담는 일에 정성을 쏟았다. 그는 새소리를 음악으로 모방한 첫 번째 음악가가 아니었지만, 그가 새소리를 다루는 방식은 대단히 독창적이었다. 예컨대 《사계》로 잘 알려진 비발디의 음악은 새소리를 비롯해 일상에서 목격할 수 있는 수많은 자연의 광경을 소리로 담아낸다. 그렇지만 비발디와 메시앙이 새소리 혹은 자연의 소리를 다루는 방식에는 좁히기 어려운 틈이 존재한다. 비발디에게 새소리는 자신의 음악적 의도와 전체 흐름을 완성하는 데 필요한 수단이라면, 메시앙에게 새소리는 음악 자체다.

비발디를 비롯한 다른 음악가들에게 새소리는 일종의 재료다. 작곡가는 자신의 음악적 주제와 작곡 의도, 음악 전체 구상과 계획에 따라 새소리라는 재료를 가공한다. 새소리는 다른 여러 음악의 재료들 중 하나로서, 작곡가가 설계한 음악 전체의 한 부분으로 활용된다. 새소리는 작곡가가 연마한 음악 양식과 기법, 작곡 기술을 통해 쓸만한 재료로 손질되어 음악 안에 담긴다. 메시앙이 이들과 다른 것은 새소리를 음악의 재료로서만 소진하지 않아서다.
메시앙은 새소리가 자신의 음악 설계도의 한 부품으로
존재하게 두는 것이 아니라 새의 노랫소리가 그것 자체로
울리도록 열어둔다. 전통적인 작곡가들의 음악에서 새소리는
물줄기에 어쩔 줄 모르고 둥둥 내려가는 나뭇잎처럼
작곡가의 의도 아래 놓이지만, 메시앙의 음악은 새의 노래를
따라 흐른다. 메시앙에게서 새소리는 도구화되는 대신
존재화된다.

　　그 결과 우리는 그간 음악에 기대해온 소리와는 현저히
다른 것을 그의 음악에서 듣게 된다. 철저하게 인간적
산물인 '음악'에서 인간이 아닌 다른 존재의 흐름을 듣는다.
시작과 끝이 명확한 갈등과 해결의 소리 서사를 만드는
인간의 흐름이 아니라 불규칙한 박자, 예측할 수 없는 리듬,
흥얼거리기 어려운 선율로 노래하는 새의 흐름, 곧 새의
시간을 듣는다. 나아가 이것은 새를 통해서가 아니라 악기를
통해 연주되므로 얼마간의 이질감마저 획득한다. 그리고
그 이질감은 역설적으로 새의 존재와 새소리의 시간을 우리
앞에 또렷하게 현전시킨다. 다시 메시앙의 《크로노크로미》를
들어보라. 수많은 새들이 빽빽이 들어찬 숲속 한가운데 서
있는 듯한 감각이 드는 것은 착각이 아니다.

　　인간의 시간이 아니라 새의 시간을 음악에 새겨 넣은
것이 메시앙 음악의 진정한 새로움이라면, 이것은 그가

자연에 대한 남다른 생태적 태도를 취했으므로 가능한
일이었다. 이때 '생태적 태도'란 생태철학자 티모시 모튼의
생각에 기반한 것이다. 모튼에 따르면 '환경을 보호하자'
'자연으로 돌아가자'고 주장하는 것은 단호하게 생태학적
태도가 아니다. 자연은 보호해야 하는 것이 아닐 뿐만 아니라,
아름다운 것, 신비로운 것, 낭만적인 것도 아니다. 생태학적
태도란 자연이 그런 것이 아니라는 점을 아는 것이다. 나아가
인간과 자연, 지구의 모든 존재들이 얼마나 끔찍하게 뒤엉켜
있는가를 인식하는 것이다.

　　그러므로 모튼에게 생태학적 실천은 기후 위기에
대응하는 것, 자연을 보호하는 것, 분리수거를 철저하게
하는 것이 아니다. 생태학적 실천은 그것과 비할 바 없이
근본적이고, 존재론적이며, 윤리적 인식에 관한 것이다.
자연을 인간의 편의와 목적에 따라 재단하고, 관리하고,
가공하고, 도구화하는 습관을 멈추는 것, 곧 인간 중심주의적
사고와 결별하는 것이다.

　　그런 점에서 메시앙이 연필과 메모장을 들고 바깥으로
나간 일, 새의 소리를 듣고 악보로 옮긴 일, 새소리의 질감을
언어로 묘사한 일, 녹음기를 짊어지고 숲속을 헤맨 일, 그러다
적당한 곳에 장비를 풀고 새소리를 기록한 일, 그리고 그것을
음악으로 만들어 악기 소리로 번역한 이 모든 단계의 수행을
'생태적 청취'라고 부를 만하다. 메시앙의 생태적 청취는 새의

소리를 음악적으로 재단하지 않고, 인간적 관심과 요구에 따라 임의로 전유하지 않는다.

만일 우리가 '예술은 세상을 바꿀 힘을 가진다'고 말한다면, 그건 바로 메시앙의 생태적 청취 같은 맥락에서일 것이다. 모든이 강조하듯 지구가 병들었다고 지구의 온도가 계속해서 높아지고 있다고 기후 위기가 인류를 멸망시킬 것이라고 뜨겁게 경고해왔지만 좀처럼 달라지는 것은 없다. 경고는 지구를 바꿀 수 없다. 외려 지구는 '지키는 것', 환경은 '보호하는 것', 자연은 '아름다운 것'이라는 생각이 '착각'이라는 점을 인정하는 일, 바꿔 말해 지구에는 수많은 다른 존재들이 불쾌하고 혼란스럽게 뒤얽혀 있다는 것을 받아들이는 일만이 지구 종말을 조금이라도 늦추는 가장 현명한 태도다. 이러한 인식과 태도의 변화가 예술을 경험하는 일에서 시작될 수 있다. 예술은 자연을 모방하거나 재현하는 것만이 아니라 그 복잡한 여러 존재들의 뒤얽힘을 감각적으로 드러내는 일이므로. 메시앙이 선행한 생태적 청취가 음악을 통해 우리를 새의 존재 앞에 초대한 것처럼.

1   Messiaen, Olivier. *Chronochromie pour Grand Orchestre*. Paris: Alphonse Leduc, 2005.

소리의 약속

소파에 누워 한갓지게 늘어져 있다. 아니면, 동생이랑 쎄쎄쎄 같은 걸 하면서 분위기가 한창 무르익고 있다. 그것도 아니면, 책상에 앉아 공책을 펼쳐 일기를 쓰고 있다. 하여튼 그런 일상의 어느 틈엔가 엄마가 부른다. "수인아." 어렸을 적 나는 엄마의 이 다정한 부름이 뜻하는 바가 무엇인지를, 내 이름 세 글자만 듣고도 단박에 파악하는 안광, 아니 이광耳光을 가졌었다. 사근사근한 목소리에 약간 높은 '솔' 톤의, 상냥하면서도 정성스러운 부름. 이 따뜻한 부름 뒤에는 언제나 이런 말이 따라 나왔다. "가서 두부 한 모만 사 와."

엄마가 이렇게 부를 때도 있다. "수인아!" 이렇게 마지막 '아' 자가 살짝 경쾌하게 짤막하면서도 산뜻할 때는 무언가 좋은 생각이 난 것이다. 하지만 그 좋은 생각의 '좋은'은 대체로 엄마에게 유용한 묘수인 경우가 많아서 내게는 그리 끌리는 것이 아닐 수가 있다. 가령 이런 것이다. "주말에 친구들이랑 놀러 가는 거 있잖아. 거기에 동생도 데리고 가면 어때? 이슬이가 언니를 너무 좋아하잖아." 물론 나도 동생을 좋아하지만 친구들과 노는 데에 꼬랑지를 붙이고 가는 꼴은 영 맘에 들지 않았으므로 이 경쾌한 "수인아!"는, 심부름의 다감한 "수인아." 만큼 듣는 순간 김이 새는 부름이곤 했다.

그러나 무엇보다 조심해야 할 건 "박수인" 하고, 엄마가 내 이름에 성까지 붙여 엄격하고 근엄하고 진지한 목소리로 호명할 때다. 이 목소리는 대체로 내가 하지 말았어야 할

155

것을 했거나, 해야 할 것을 안 했거나 한 경우에 나온다. 이 세 글자를 들으면, 그 뒤에 나올 구체적인 말이 무엇인지 아는 것과 관계없이 일단 어깻죽지에 힘이 스윽 쥐어지면서 긴장하게 된다.

이런 이광을 가진 어린이가 나뿐만은 아니었을 것 같다. 그것은 사랑받는 어린이가 되는 법이자, 혹 크게 꾸지람 받을 만한 일에서 슬며시 비켜날 수 있는 묘안을 얻는 생존본능에 가까운 것이었으므로. 우리는 엄마 목소리의 아주 가느다란 결의 차이도 뾰족하게 알아차릴 줄 알던 어린이였다.

어디 엄마 목소리뿐인가. 어떤 소리들은 그 자체로 의미를 가진다. 자동차로 한번 가볼까. 리모컨을 조작해 열림 버튼을 누르면 자동차가 '삐빅' 소리로 응답한다. 잘 열렸다는 뜻이다. 문을 열고 차 위에 올라타 시동을 건다. '뽀로로롱.' 자동차가 작동할 준비가 되었고 시동 또한 잘 걸렸다는 뜻이다. 운전대를 잡고 자동차를 몰기 시작한다. 띠링띠링. 자동차가 다급하게 울어댄다. 아차차, 안전 벨트. 벨트를 매고 다시 액셀을 밟아 앞으로 나아가기 시작한다. 10분 거리를 이동하는 동안에도 자동차는 시시각각 말을 건다. 전방을 주시해라, 옆 차선에 다른 자동차가 있으니 조심해라, 과속하지 말아라 같은. 때로는 옆 차가 말을 걸어오기도 한다. '부아아아앙~' '어때, 이 중에서 내가 최고인 거 같지?'라는 뜻이다. '빵빵.' 끼어들지 말라거나 혹은 조심하라는 뜻이다. 운전하면서 듣게 되는 수많은 소리들은 '말'하지 않지만, 적절한 맥락에 적합한 소리를 울림으로 구체적인 뜻을 전한다. 엄마가 부르는 내 이름 세 글자가 '말'하기 전에 구체적인 의미를 이미 담고 있는 것처럼.

소리는 중립적이지 않다. 말하자면 소리는 공기 중 물체의 떨림이라는, 객관적이고 물리적인 현상이기만 한 것이 아니다. 어떤 소리에 관해 우리는 '소리가 들린다'는 감각을 넘어 그것이 가진 의미를 인식해낸다. 진정으로 그렇지 않은가. 구체적인 언어로 전해지는 것이 아니더라도 소리만으로 그 뜻과 맥락을 파악할 수 있는 경우를 우리는 종종 마주한다.

그런데 어떤 소리라도 처음부터 의미를 가지고 태어나는 것은 아니다. 가령 내가 엄마의 목소리를 의미화하게 된 것은 엄마의 특정한 말투 다음에 이어지는 상황이 무엇인지를 반복적으로 경험했기 때문이다. 자동차 같은 기계들의 경고음, 알림음의 소리 질을 일상적으로 늘 듣고 익혀 왔으므로 소리만 듣고도 그것의 의미가 무엇인지 파악할 수 있게 되었다. 그러므로 소리와 의미는 이미 우리가 알고 있는 그런 식으로 처음부터 결정되어 있던 것이 아니다. 그러니까 소리와 의미, 이 둘은 분리될 수 없는 것이 아니라 우리의 반복적인 경험과 인식이 어떤 소리에 고유한 의미를 부여하게 되었다고 하는 편이 낫다. 그 의미 부여가 의식적인 것이든,

그렇지 않은 것이든.

그러므로 소리의 의미란 사회적 환경 안에서 맺어진 '약속'이라고 새길 수 있다. 소리의 의미란 한 사회가 어떤 소리를 어떻게 듣겠다고 결정한 듣기 방식의 조건일 수 있다.

때로 약속은 힘센 사람, 혹은 목소리 큰 사람이 이겨서 결정되기도 한다. 하지만 강제된 약속은 공정하지 못하기 마련. 예컨대 1970~80년대에 시행되었던 국기강하식을 알리는 애국가 연주가 그럴 수 있다. 그것은 특정한 행위를 지시하는 소리다. 하던 일을 멈추고, 국기를 향해 몸을 꼿꼿이 세우고, 오른손을 가슴팍에 올리고, 국가에 대한 충성심을 모으는 행위를. 말하자면 일상의 틈에 울려 퍼지던 애국가 반주 소리의 의미는 힘센 사람이 이겨서 정해진 약속이다. 그것은 길을 걷던 몸을, 슬퍼 울던 얼굴을, 속상해 다투는 마음을 중단시키고, 그 모든 몸과 마음을 국가로 모으라는 것을 의미했다.

소리의 의미는 다수가 동의할 때 결정되기도 한다. 많은 사람들에게 편리하지만 개인에게는 하염없이 불편한 것이더라도, 그렇게 정해지는 약속도 있다.

힘센 사람의 약속과 다수가 정한 약속 사이에서 무엇이 더 합리적인가 따져본다면, '다수'가 후자를 고를 것이다. 하지만 다수는 힘이 세다. 그러므로 힘센 사람에 의해 정해진 약속과 크게 다를 바가 없는 것이 다수의 약속일

수 있다. 그럼에도 그것은 힘센 한 사람이 아니라 다수가
동의하는 약속이므로, 힘센 사람의 일방적인 약속과 다르게
정당화된다. 그러니 어쩌면 힘센 사람의 약속보다 더
은근하고 영리하게 작동하는 것이 다수의 약속일 수 있다.
그러나, 다수는 힘이 세다.

　　반복하건대 소리의 의미는, 그 약속은 처음부터 그랬던
것이 아니다. 그래서 당연한 것이 아니라 상황에 따라
만들어진 것일 수 있다. 그것은 반복적으로 훈련된 듣기의
맥락 안에서 작동하는 것, 그러니 역사화된 것이다. 그러나
그것은 또한 맥락이 달라지면 아무리 약속이어도 파기될
수 있는 것, 시대의 흐름이나 문화적 맥락에 따라 바뀔 수
있는 것이기도 하다. 한때 어느 장소에서 당연하던 것이
다른 시대와 문화에서는 상식 바깥에 있는 것일 수 있다.
실제로 그렇지 않은가. 이제 우리는 길을 걷다 애국가 반주가
나와도 길 위에 몸을 결박하지 않는다. 애국가 반주 소리는
곧 국기에 대한 맹세라는 의미가 더 이상 우리 사회의 약속이
아니어서다.

　　소리는 의미를 가진다. 그리고 그 의미는 때로 힘의
불균형에서 만들어지고 정당화되기도 한다. 그래서 당연한
것이 될 때, 소리의 약속은 변하기 어려운 통념이 되기도 한다.

　　이 이야기는 들리는 대상인 '소리'에 관한 것만이 아니다.
더 깊이 생각해봐야 할 것은 듣는 주체인 '우리'에 관한

것이다. 이때의 '우리'는 소리에 사회적 약속을 새기고 동시에 그것을 듣고 그 의미를 강화하는 '우리'다. 그럼으로써 의식적으로든 무의식적으로든 힘의 불균형에서 위쪽에 놓이는 '우리'다. 소리에 관한 이야기는 반드시 듣는 주체의 문제에 다다를 수밖에 없다. 어떻게 듣는가 살필 때 소리의 약속이 작동하는 방식을 더 선명히 깨닫게 된다.

다소 극단적인 예가 아닌가 싶지만, 자연의 소리를 듣는 방식을 생각해볼 수 있다. 새가 지저귀는 소리는 왜 이리 듣기 좋을까. 지금은 그러지 못하지만 10년 전만 해도 날밤을 새워 무언가에 집중할 체력을 가졌었다. 새벽 5시가 가까워지면 해는 슬금슬금 지평선 위로 얼굴을 내밀기 시작한다. 부지런도 한 새들이 한 마리 두 마리 깨어나 지저귀는 소리가 들려온다. 그 아름다운 소리를 듣고 있자면 몸은 피곤해도 기분은 얼마나 상쾌한지. 맑고 순박한 소리에 쾌청한 날씨만큼 기분도 가벼워지던 동틀 녘 어스름한 아침을 기억한다.

하지만 새의 입장도 들어봐야 한다. 아닌 게 아니라, 이 상황을 새에게 옮겨보면 좀 이상하다. 마치 감미로운 음악을 듣는 듯 새소리를 듣는 나를 바라보는 새의 입장을 생각해보면 말이다. 새에게 울음소리는 생존 본능과 같은 것이다. 그는 침입자에게 이곳이 자신의 영역임을 경고하려고, 마음에 드는 상대를 유혹하려고, 혹은 무슨 일이 생겼다는 것을 동료에게 알리려고 소리 낸다. 새소리가 '아름답다'고 하는 그 감각은 완벽하게 우리 인간의 입장이다. 살고자 우는 새에게 "얘야, 네 노랫가락이 참으로 아름답구나" 하는 찬사는 얼마나 당혹스러운가.

  '새소리가 듣기 좋다'라는 감상은 '자연은 순수하고 아름답다'는 통념에서 비롯된, 일종의 소리의 약속이다. 이런 통념은 자연의 무시무시한 힘을 상대하기 위한 인간의 책략과 무관하지 않다. 이길 수 없으니 친해질 것. 우리 편으로 만들어 길들일 것. 자연을 포섭하는 데 성공하고 지구의 주인이 된 인간은 힘의 위계에서 위쪽을 차지하게 되었다. 새의 소리는 순수한 것, 무해한 것, 아름다운 것이라는 우리의 기대가 그들에게 향한다. 새가 우는 이유가 무엇이 되었든, 그것은 아름다운 것이 된다.

  '새가 지저귀는 소리는 순수하고 아름답다'고 느끼는 생각은 우리가 의식한 것이 아니라도 새소리를 듣는 순간 듣기 좋다는 감각을 일깨운다. 그리고 그것은 곧 "아름답구나" 하는 감상에 이른다. 하지만 그것이 소리 내는 주체, 곧 힘의 불균형에서 아래쪽에 놓이는 새의 입장과 무관한 것이라면 어떨까. 새가 울부짖을 수밖에 없는 생의 맥락을 지워버리는 일이라면. 새를 향한 대단한 찬사인 것과 관계없이 그것은 소리의 약속이 휘두르는 폭력이라는 사실을 인정할 수밖에 없다. 의도 없는 폭력도 폭력이다. 무해한 폭력은 없다.

시작을 알기 어려울 만큼 긴 시간 동안 축적되어 온 소리의 통념은 이토록 무의식적인 감각의 차원까지 파고든다. 새 울음소리가 아름답지 않다거나, 그것을 아름답게 여겨선 안 된다거나, 만일 그렇다면 그것은 폭력이다, 라고 말하려는 것이 아니다. 어떤 소리는 결코 우리를 위해서 울리는 것이 아니라는 것을 깨닫는 일, 우리가 온전히 파악하기 어려운 다른 존재의 소리도 있다는 사실을 겸허히 받아들이는 일에 관한 이야기다. 새소리가 아름답다는 통념은 이런 사실 앞에 부서질 수 있다.

소리의 약속은 사회적 힘이 제한하는 규범 안에서 듣기가 작동하도록 이끈다. 그것은 듣는 주체가 소리를 받아들이는 방식에 내면화된다. 우리는 알든 모르든 소리의 약속이 가지는 의미대로 소리를 듣고 소리에 내재된 힘의 규범을 수행한다. 성별에 대한 일반적 기대나 자연의 소리에 대한 통념은 그것의 바깥에 서는 존재들의 소리를 마음대로 취해 이해해버리고 만다. 그것은 눈에 보이지 않고 손에 잡히지 않는 '소리'이므로, 무엇보다도 은밀한 힘의 작동 체계가 된다.

그러나 소리는 특정한 맥락 안에서 의미를 일으킨다는 점에서 동시에 다른 가능성도 갖는다. 맥락이 달라지면, 통념이 부서지면, 소리의 의미도 달라질 수 있기 때문이다.

사회적 환경에 균열이 일어날 때 듣기의 조건은 새로워질 수 있다. 하나의 소리라도 다른 방식의 듣기가 작동할 수 있다.

그러니 이제는 이렇게 물을 수 있어야 한다. 그저 원래 그런 것인 줄 알았는데 그렇지 않은 또 다른 소리의 약속은 무엇일까. 그것에 무의식적인 가치 판단이 내재되어 있는 것은 아닐까. 그 옳고 그름을 결정한 것은 누구일까. 내게 쾌적한 소리가 누군가에게는 배제의 신호가 아니었을까. 나는 어떤 소리를 어떻게 듣고 있는가.

도미솔의 남성성

소리의 약속은 음악 안에서도 치밀하게 작동된다. 음악이야말로 소리를 가장 체계적이고 정교한 방식으로 조작해 얻어낸 결과물이 아니던가. 불완전하나마 아주 오래전부터 기보 체계를 발전시켜 온 서유럽권 음악 안에서는 이 같은 소리의 약속이 꽤 단단하게 뭉쳐져 있다. 소리를 기호로 전환하여 종이에 적어 넣는 기보 체계는 순간적으로 존재했다가 사라질 운명을 가진 소리에 의미를 부여하고 그것을 하나의 약속으로 코드화하는 데 유용한 수단이 되어주었다.

　가령 딸림화음 '솔-시-레' 다음에 으뜸화음 '도-미-솔'이 나오면, 우리는 음악이 끝났음을 안다. 딸림화음과 으뜸화음이란 말을 모르더라도 괜찮다. 이 두 화음의 진행은 소리의 마침표로 코드화된 경우이고 그런 용어를 아는 것과 무관하게 음악이 끝났다는 사실을 인식하게 하는 소리다. 딸림화음 다음에 으뜸화음이 나오는 소리의 흐름은 문장의 마침표와도 같다. 마침표가 '문장이 끝났다'라는 것을 의미하듯이 딸림화음과 으뜸화음의 흐름은 '음악이 끝났다'는 것을 지시한다. 음악에선 이것을 종지라고 부른다. 음악을 끝마칠 때는 딸림화음 다음에 으뜸화음으로 연결하는 진행이, 말하자면 약속이 된 셈이다.

　음악 안에는 이렇게 특정한 의미로 약속된 소리들이

딸림화음   으뜸화음

《 음악의 마침표, 종지의 예시.

존재한다. 소리의 마침표 같은 음악적 문법만이 아니라, 심지어는 특정 젠더에 기대하는 소리가 음악적으로 코드화되기도 한다. 서양고전음악의 역사에서 가장 설득력 있으면서도 치밀한 음악 형식으로 간주되는 '소나타 형식'은 소리를 젠더화하는 예 중 하나로 꼽을 수 있다.

어렸을 적 피아노를 조금이라도 배워본 사람이라면 소나타 형식으로 된 음악을 연주해봤을 것이다. 피아노 학원에서 거의 틀림없이 치게 되는 소나티네 곡집 안에는 소나타 형식을 모체로 하는 짧은 음악들이 들어 있다. 여기에는 그 유명한 모차르트의 피아노 소나타 K.545도 포함된다. 피아니스트 손열음이 이 음악을 연주한 영상이 유튜브에서 37만 회의 조회 수를 얻을 만큼 많은 사람에게 잘 알려져서 어쩌면 한 번쯤 들어봤을 음악. 이 음악의 첫 번째 악장은 약 3분가량의 짧은 곡이지만, 소나타 형식의 흐름을 간결하면서도 명료하게 축소해서 들려준다.

소나타 형식은 크게 세 부분으로 구성된다. 제시부, 발전부, 재현부. 제시부에서는 대조를 이루는 두 가지 음악의 요소가 소개되고, 발전부에서는 이 두 요소가 복잡하게 발전되면서 음악의 긴장감을 높여간다. 마지막 재현부에서는 대조를 이루던 두 요소가 하나로 포개지면서 조화롭게 종결하는 흐름으로 완성되는 것이 소나타 형식의 기본적인 생김새다.

19세기 독일에서 활동한 음악 이론가 아돌프 베른하르트 마르크스는 소나타 형식을 하나의 이야기 구조로 분석한다. 그는 제시부에서 소개되는 두 개의 대조적인 요소, 곧 주제 선율을 각각 서로 다른 성격과 정체성을 가진 캐릭터로 인식한다. 눈여겨볼 것은 마르크스가 이 두 주제 선율의 성격을 묘사하면서 소리를 젠더화한다는 점이다. 이를테면 활기차고 씩씩하면서 대담한 선율로 제시되는 첫 번째 주제는 남성적이고, 서정적이고 부드러우면서 여린 선율로 제시되는 두 번째 주제는 여성적이라고 의미화한다. 그러니까 이런 식의 설명은 사실상 당시 사회가 활기차고 씩씩하고 대담한 성격은 남성적인 것으로, 서정적이고 부드럽고 여린 성격은 여성적인 것으로 이해하던 사고를 소리에도 적용한 것으로 이해할 수 있다.

　　이 두 주제 선율은 선율의 성격만이 아니라 음악이 펼쳐지는 장소라고 할 만한 조성에서도 대조를 이룬다. 첫 번째 주제 선율은 으뜸조에서, 두 번째 주제 선율은 으뜸조로부터 다섯 칸 떨어져 있는 딸림조에서 전개되기 때문이다. 다장조 음악이라면 첫 번째 주제 선율은 으뜸조인 다장조에서, 두 번째 주제 선율은 다장조에서 다섯 칸 떨어져 있는 사장조에서 제시되는 식이다. 그러니까 대조되는 두 주제 선율은 선율 자체의 성격만이 아니라, 두 선율이 제시되고 펼쳐지는 무대 또한 다르다. 이해를 돕기 위해

으뜸음
'도' 음으로
시작하는 음계는
다장조의 으뜸조

딸림음
'솔' 음으로
시작하는 음계는
다장조의 딸림조,
곧 사장조

≪ 다장조 음계.

'인어공주'의 이야기를 끌어오자면 남자 주인공 왕자는 궁전 안에서, 여자 주인공 인어는 물속에서 등장하는 것과 같다.

제시부에서 두 번째 주제 선율, 마르크스가 여성적 주제라고 부른 이 선율은 첫 번째 주제 선율과 그것이 서 있는 으뜸조에 갈등을 일으키는 기제로 작용한다. 첫 번째 주제 선율이 등장하는 동안 안정적이고 평온함을 지키던 음악은 두 번째 주제 선율이 끼어들며 전개되어 나갈 추진력을 받는다. 이 추진력은 발전부에 들어서면서 본격화된다. 성격이 서로 다른 두 젠더적 소리는 발전부에서 갈등과 변화의 과정을 겪는다. 음악의 긴장이 높아지다가 마침내 절정에 다다르는 것이 바로 발전부에서 일어나는 음악적 사건이다. 마치 드라마 속 인물들이 다툼과 충돌, 위기와 갈등에 직면하는 것처럼.

마지막 재현부에서는 앞선 발전부의 충돌과 혼란 끝에 질서를 회복한다. 제시부에서 소개된 두 개의 주제 선율이 온전히 들려오고 음악은 다시 안정을 되찾는다. 재현부에서는 제시부에서 들었던 음악을 거의 반복하다시피 되풀이하므로 처음의 음악으로 회귀한 듯하지만, 재현부와 제시부 사이에는 커다란 차이가 있다. 제시부에서 두 개의 주제 선율이 으뜸조와 딸림조라는 서로 다른 장소에서 펼쳐진 것과 다르게, 재현부에서 두 선율은 모두 첫 번째 선율이 나타났던 으뜸조에서 제시된다. 19세기의 프랑스 작곡가이자 음악 이론가 뱅상 댕디는 재현부에서 두 주제가 모두 남성의 장소인 으뜸조로 회귀하는 것을 두고, 소나타 형식을 남성적 원칙이 승리하는 서사로 독해한다. 재현부에서의 안정감은 여성적인 것이 남성의 공간으로 흡수되어 그 지배 아래 놓임으로써 완성된다는 것이다.

여성적 선율이 남성의 원칙에 순응하고 통합됨으로써 마침내 질서 있고 안정적인 통일감을 획득하는 극적인 서사. 마르크스에게 젠더를 부여받은 음악은 댕디에 이르러 젠더 권력의 정치학으로 확장된다.

음악에서 이 같은 소리의 의미화가 이루어진 것은 물론, 19세기 중반 유럽 사회에 내재되어 있던 사회적 성 역할에 대한 고정관념, 이상적인 남성상이나 여성상에 대한 인식이 당대 음악 이론가의 분석 언어에 투영된 결과일 것이다. 당시 사회에 만연하던 젠더적 관념을 소나타 형식이라는, 혼돈에서 질서에 다다르는 격동의 음악 서사 속에 새겨 넣은 것이다. 이런 생각은 꽤 오랫동안 이어져서, 내가 대학을 다닐 적에도 여전히 소나타 형식의 첫 번째 주제와 두 번째 주제는 각각 남성적, 여성적 성격을 띤다고 가르치는 선생님들이 더러 있었다. 그 교육 언어에는 차츰 '예전엔 이랬는데 최근엔… …'이라는 부연이 붙기 시작하더니 지금은 누구도 젠더화된 언어로 소나타 형식을 가르치지 않는 시대가 되었다.

소리는 의미를 가진다. 음악 안에서 소리는 전략적인 방식으로 약호화된다. 기운차고 담대한 남성, 연약하고 차분한 여성이라는 사회적 기대는 소리로 번역되어 음악 작품으로 운반된다. 18세기 중후반 점차 확립되기 시작하던 소나타 형식은 20세기를 넘어서까지, 100년이 넘도록 서유럽 음악 문화의 중심을 관통한다. 그렇게 소나타 형식이 가진 소리의 의미는 가장 강력한 음악의 서사로서, 서양고전음악의 눅진한 땅에 두껍고 단단한 뿌리를 깊이깊이 뻗어 내려갔다. 그사이에 소나타 형식의 음악적 약속 바깥에 있는 유약한 남성, 늠름한 여성의 소리는 주변으로 내몰리고 만다. 여성과 남성에게 부과되고 강요된 당시 서유럽의 가부장적 이데올로기는 소나타 형식 안에서 소리로, 그리고 그 분석 언어로 코드화된다. 이렇게 음악 안에서 당연시된 소리들은 때로 사회적 편견이나 권력관계를 반영하는 것을 넘어 그것을 강화함으로써 배제의 기호로 작동하기도 한다.

1980년대 이후 본격화된 페미니즘 음악학은 음악적 소리가 가진 배제의 기호에 균열을 일으켜왔다. 여기서 언급한 마르크스나 댕디를 비롯한 19세기 음악 이론가들의 젠더화된 분석 언어가 단순히 비유에 그치는 것이 아니라고, 전통적인 음악의 관념과 언어를 흔드는 목소리를 내왔다. 소나타 형식이 품은 두 개의 주제 선율을 이제는 남성적 혹은 여성적 선율이라고 명명하지 않는 것은 그 시절에 비할 바

없이 섬세해진 젠더 감수성에서 비롯한다. 하지만 그것만큼 묵과할 수 없는 것이 페미니즘 음악학의 비판적이고 독창적인 연구 성과의 공이다. 페미니즘 음악학은 음악이 어떻게 한 사회와 문화의 젠더 이데올로기를 내재하고 있는지를 밝혔다. 그것은 음악이 언제나 사회, 문화, 정치, 젠더 등의 문제와 분리될 수 없는 관계에 있다는 사실을 시사하는 일이기도 했다. 그러므로 음악을 듣는 일은 세계의 질서(라고 여겨지는 바)를 비판적으로 인식해보는 일이기도 할 것이다.

소나타 형식의 두 주제를 더 이상 남성적, 여성적이라 부르지 않는 오늘의 음악 수업은 소리의 약속이 영원하지 않다는 것을 고요히 폭로한다. 이것은 물론 음악적 소리만의 일이 아니다. 소리의 의미는 인간적 이해와 언제나 진득하게 맞물려 있다. 우리가 듣고 이해하는 소리의 의미는 인간적인 맥락을 떠나서 존재하기 어렵다. 때로 그것은 우리의 기준, 가치 판단, 옳고 그름, 상식 또는 편견으로 점철되기도 한다. 그러므로 이제는 우리가 듣거나 듣지 않는 수많은 소리를 다시 인식해보아야 한다. 한 문화가 특정한 소리에 남다른 주의를 기울일 때, 그 소리 밑바닥의 의미가 무엇인가 귀 기울여보아야 한다. 혹여 쉬지 않고 소리 내지만 그것이 어떠한 의미도 획득하지 못한다면, 그 또한 소리의 의미를 포획하고자 귀를 열어보아야 한다. 그 안에서 눈에 보이지 않는 세계의 질서를 듣게 될 것이므로.

사랑하는 듣기

소리는 이상하다. 부디 소리로부터 해방되고 싶다가도 막상 고요가 찾아들면 덜컥 겁을 먹게 된다. 소리로부터 해방되고 싶은 것은 이 세상에 소리가 너무 많아서다. 음악 소리, 대화 소리, 강아지가 짖는 소리, 자동차 소리, 신호등 소리, 빗소리, 라디오 소리, 커피 내리는 소리, 새 지저귀는 소리, 바람 소리, 기침 소리, 윗집 쿵쿵 소리, 지하철 소리, 이명 소리…….

어떤 소리는 자꾸만 찾아 듣게 되는 반면 또 어떤 소리는 바라건대 사라져주길 기도하게 된다. 하지만 우리는 안다. 소리는 나의 의지와 관계없이 내게 온다는 것을. 내가 듣고 싶은 소리도, 더 이상 원치 않아서 소거하고 싶은 소리도 언제고 예고 없이 기습해 온다.

그래서 소리와 만나는 방식은 소중한 사람이 내게 오는 모습과 닮았다. 나의 엄마와 아빠는 태어나고 보니 나의 엄마와 아빠인 채로 내 곁에 서 있었다. 세상에 나오고 보니 나보다 세 살 위 언니가 불쑥 내 앞에 나타났고, 두 해가 지나자 동생이라는 존재가 느닷없이 나의 옆자리를 비집고

들어왔다. 소리가 그렇듯 그들은 나의 마음과 관계없이,
기별도 없이 나에게 와 사랑과 기쁨과 헌신과 축복을, 허탈과
슬픔과 상처와 연민을 흘려보낸다. 흘러드는 소리 앞에서 할
수 있는 것은 그저 그것을 듣는 일이다. 그것으로부터 배운다.
내 안으로 파고드는 존재들을 그냥 그렇게 맞아들여 보는
일을.

　　소리가 그런 것이라면 아무 소리 없는 고요가
문득 섬뜩하게 느껴지는 것은 그것이 곧 고립과 다르지
않아서겠다. 나에게로 오는 누군가가, 혹은 무엇인가가
없어서, 향해 다가갈 누군가가, 혹은 무엇인가가 없어서겠다.
고요는 이 거대한 세계에 홀로 남은 듯한 두려움으로
순식간에 몸을 감싼다.

　　이 책은 소리에 관한 것이다. 더불어 음악에 관한 것,
나아가서는 듣기에 관한 것이다. 나는 매번 소리 또는
음악에서 출발했지만 그 끝에 가 다다르는 것은 언제나

'듣기'에 관한 것이었다. 여기 모인 한 편 한 편의 글들은
서로 팽팽하거나 느슨하게 연결된다. 다 다른 이야기
같아도 그것이 헐겁게나마 이어지는 것은 모든 이야기가
궁극적으로는 듣기에 관한 것으로 모이기 때문이다. 일상의
소리와 소리를 나르는 기계들, 오래된 음악과 그것에 관한
역사적, 정치적, 문화적 오해에 관한 모든 이야기는 결국 듣는
일로 수렴된다.

소리와 음악과 듣기에 관해 말해보려던 이 책의
끝자락에서 나의 자리를 반추해본다. 나의 귀는 섬세한가.
나의 감각은 촘촘한가. 나의 듣기는 투명한가.
어느 물음에도 망설임 없이 긍정할 수 없음을 고백한다.
나의 귀는 그리 세심하지 못하다. 사람들 말에 점잖게 귀를
기울이거나 남들이 놓치는 소리를 능숙히 포착하는 것도
아니다. 도시 소음은 아주 괴로워서 노이즈 캔슬링 이어폰을
매일같이 가지고 다니며 외려 귀를 틀어막는 사람에 가깝다.

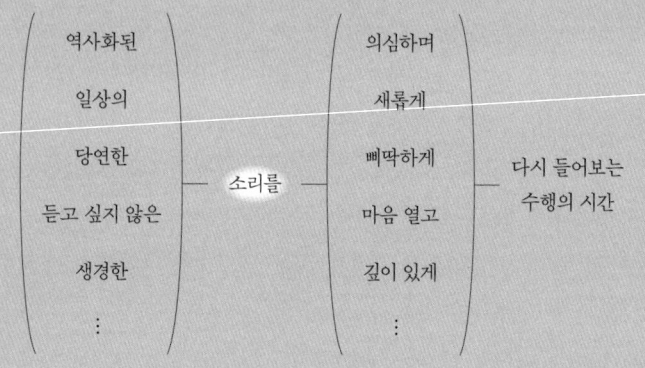

역사화된 　　의심하며
일상의 　　새롭게
당연한 ─ 소리를 ─ 삐딱하게 ─ 다시 들어보는
듣고 싶지 않은 　　마음 열고 　　수행의 시간
생경한 　　깊이 있게
⋮ 　　⋮

그런 내게 여기 이 글들을 쓰는 시간은 듣기의 수행과도 같았다.

그것은 마치 매일 들이쉬는 숨을 의식적으로 헤아려보듯 너무 익숙하고 당연해진 나머지 들리지 않거나, 어떤 의미도 일으키지 않거나, 진실을 가리거나, 오만해지고만 소리들에 자꾸만 의구심을 가져보는 일이었다. 적어도 듣는 것이 무엇인지, 어떻게 들어야 하는지, 우리의 듣기는 어디를 향해야 하는지를 생각하고 이해하고 실천해보려는 시간이었다. 있는 그대로 들어보고 맞아들여 듣기, 다만 성급하게 해석하지 않으려는 듣기 수행의 시간. 나의 귀는 더 꼼꼼해졌을까. 나의 듣기는 더 넉넉해졌을까. 나는 조금 더 나은 사람이 되었을까.

여전히 주저 없이 답할 수 없다. 그러나 적어도 소리를 듣는 일로부터 현재에 존재하는 법을 배운다. 주변 소리에 귀를 열어 지금 여기 무슨 일이 벌어지고 있는가를 묵묵히 받아들여 본다. 여행지 풍경을 눈으로 관찰하며 그곳 사람들

나름의 삶의 방식을 짐작해보는 것처럼. 우리나라와 다른 모양의 건물, 혹은 건물 짓기 방식, 거리에 자라난 꽃과 나무, 사람들이 거니는 거리의 모양, 그들만의 암묵적인 약속과 질서, 이런 대수롭지 않은 면면을 살피면서 그들을 잠잠히 느껴보는 것처럼.

그런 것처럼 여행지의 소리 풍경을 귀로 들어본다. 대로변 오토바이 소리, 쓰레기차 작업 소리, 조용조용한 사람들의 말소리, 적막한 골목길에서 자박대는 발소리, 처음 들어보는 새의 지저귐 같은 것들을. 그곳의 소리가 침투해 오는 기운에 조용히 빨려 들어가본다.

들음으로써 이 세계를 꽈악 껴안는다. 내 살에 닿는 소리의 온도를 느낀다. 그것의 의미를 섣불리 고정시키지 않으려고, 서둘러 재단하지 않으려고, 함부로 이해하지 않으려고. 그렇게 그 소리들이 보내오는 사랑을 두 팔 벌려 끌어안아 보려고, 마침내 사랑이 되어보려고.

그렇다. 지금 와 생각해보니 나는 안전한 듣기, 정확한

듣기, 맞이하는 듣기, 배려하는 듣기, 사랑하는 듣기 같은
것에 관해 쓰려 한 것 같다. 글쎄, 어쩌자고 이토록 묵직한
이야기를 쓰고 싶었던 것일까. 전하고 싶은 말이 독자에게 잘
도착할 수 있을까 하는 염려가 앞선다. 조금 솔직해져볼까.
실은 어설픈 논리나 서툰 마음, 충분히 소화되지 않은
생각들을 독자에게 들킬까 두근거린다.

　이 염려에 늘 남편 홍성인이 있어주었다. 그는 이 모든
글의 첫 번째 독자였다. 그의 반응과 지지가 한 편 한 편
글을 완성하는 데 커다란 힘을 보태주었다. 이 책에 담긴
여러 고민과 생각은 존경하는 나의 스승이자 더없이 걸출한
음악학자 정경영과의 대화에서 비롯되었다. 그의 명민함과
사려 깊음, 통찰력과 성숙함은 거칠고 빈틈 많은 나의
이야기를 들을 만한 것이 되도록 도와주었다. 무엇보다
그는 잘 듣는 사람. 누구의 말도, 혹은 소리와 음악도,
듣는 순간만큼은 온전히 몰입하는 모습은 내게 듣는 태도에
관해 많은 것을 생각하도록 부추겼다. 마감일을 밥 먹듯이

놓쳐버린 지각쟁이가 마침내 원고를 완성하는 날까지
아낌없는 마음과 의견을 보내준 아침달의 편집자 서윤후
선생님께 특별히 깊은 감사를 전하고 싶다. 딱히 숨어 있진
않았지만 그렇다고 또 훤히 드러나 있던 것도 아닌 나를
발견해준 것은 지금 생각해도 말할 수 없이 벅찬 일이다.
끝으로 언제고 내게 무한한 사랑을 보내오는 엄마 아빠께
감사를 전한다. 그들의 사랑은 진정으로 무한하다.
아직은 다 알 수 없으나 언젠가 나는 그들의 사랑을
정확하게 듣고 싶다.

사랑하는 듣기를 꿈꾸며,
박수인.

사랑하는 듣기

1판 1쇄 펴냄 2026년 4월 3일

지은이 박수인
펴낸이 손문경
편집 서윤후, 이기리
디자인 김정현, 정유경, 한유미

펴낸곳 아침달
출판등록 제2013-000289호
주소 04029 서울시 마포구 양화로7길 83, 5층
전화 02-3446-5238
전자우편 achimdalbooks@gmail.com

이 도서는 2025년 문화체육관광부의
'중소출판사 도약부문 제작지원' 사업의 지원을 받아
제작되었습니다.

▪ 책값은 뒤표지에 있습니다.